ALGUÉM QUE
UNE O
CÉU E A TERRA

© Masahisa Goi 2002

Publicação Original Japonesa:
Ten to Chi o Tsunago Mono por Masahisa Goi
Byakko Press 1955

Publicado por Byakko Press
812-1 Hitoana, Fujinomiya-shi
Shizuoka-ken, Japan 418-0102
http://www.byakkopress.ne.jp
e-mail: editor@byakkopress.ne.jp
Todos os direitos reservados

Impresso e distribuído nos Estados Unidos por
Booksurge.com
5341 Dorchester Road, Suite 16,
North Charleston, SC 29418, USA
Fone: (843) 853-8310
http://www.booksurge.com
e-mail: info@booksurge.com

Traduzido para o português por Marcia Toyosumi

Digitação e Revisão por Mariana Chiarella
Design e Capa por Mariana Chiarella
e-mail: foto@marianachiarella.com
Fotografia de Adriano Gambarini
e-mail: gambarini@gambarini.com.br

Consultoria Técnica por Jason Hafso
http://www.jhafso.com

ISBN 4-89214-153-4

MASAHISA GOI

ALGUÉM QUE UNE O CÉU E A TERRA

Tradução brasileira por
Marcia Toyosumi
Baseada no original japonês
"Ten to Chi o Tsunago Mono".

Digitação, Revisão, Design e Capa por
Mariana Chiarella

Publicado por
Byakko Press

Sobre o autor:

Nascido em Tóquio, Japão, em 22 de novembro de 1916, Masahisa Goi foi poeta, filósofo, escritor e músico. Na juventude, planejava seguir carreira como músico, mas foi espontaneamente atraído para os domínios da filosofia e da orientação espiritual. Aos 30 anos, teve a experiência da unificação com seu eu divino. Goi escreveu mais de 60 livros e volumes de poesia, dos quais vários foram traduzidos para o Inglês e outros idiomas.

Em 1955, ele iniciou um movimento internacional de oração pela paz mundial, que, desde então, se espalhou globalmente, envolvendo pessoas de todas as idades, credos e profissões. Esse movimento, centrado na mensagem e oração universal "Que a Paz Prevaleça na Terra", continua sob a liderança de sua filha adotiva Masami Saionji.

ÍNDICE

PREFÁCIO

"O ser humano é um cosmo em miniatura". Lembro-me de que ouvi isso de alguém na minha adolescência, mas somente agora a profundidade destas palavras me faz assentir com admiração.

É uma verdade indiscutível que o caminho que cada ser humano percorre é o reflexo do cosmo que cada um abriga dentro de si.

Entretanto, se a atuação deste ser humano é verdadeiramente a expressão do princípio deste cosmo ou apenas uma representação falsa, depende da maneira correta ou não de viver, depende dos seus padrões de julgamento do que é certo ou errado, belo ou feio.

O grande ponto crucial desta existência está no procedimento de cada ser humano ser motivado por fatos essencialmente materiais (ou carnais) ou por fatos espirituais.

Neste livro, estou relatando todos os acontecimentos relacionados à peregrinação da minha alma, sendo eu uma pessoa que não dá grande importância ao corpo físico, uma pessoa que não pode viver sem ter a alma sempre como objetivo principal, por uma inspiração natural.

Através de experiência própria, soube com clareza que

o corpo físico do ser humano é apenas um recipiente que abriga a alma. Certifiquei-me também de que a entidade que se denomina ser humano é um espírito que toma a forma de uma alma e trabalha fazendo uso do corpo carnal.

Foi-me revelado também que o espírito, que é a verdadeira forma do ser humano, é a própria divindade e trabalha de acordo com os movimentos da Divindade da Vida do Cosmo. Desta maneira, mesmo a mínima atuação do ser humano a cada minuto, a cada segundo, influencia este imenso Cosmo.

Se o ser humano encara este corpo carnal como a única existência do homem, ou aceita o corpo como um recipiente que abriga o espírito, e consequentemente como um recipiente de Deus, dessas duas concepções dependerá fazer deste mundo terrestre um fardo, ou transformá-lo no próprio Paraíso.

A essência da Verdade, da Virtude e da Beleza não está neste corpo carnal, mas na alma, que está mais perto de Deus e se exterioriza quando alguém expressa o amor fraternal.

Eu não estimulo ninguém a percorrer o mesmo caminho por que passei. A cada ser humano é dado a percorrer seu próprio caminho. Que cada um continue a seguir o caminho que se abre a sua frente, sem cometer falhas, rezando pra Deus que é a verdadeira forma do seu ego. Viva uma vida plena e ativa, é o que desejo a todos.

O título deste livro "Alguém que une o Céu e a Terra", se relaciona à minha experiência espiritual que possibilitou a união do Céu (a verdadeira forma do Ego) com a Terra (o ser humano carnal).

É meu desejo ardente que, através deste livro, progressivamente vá aumentando o número de indivíduos que se conscientizem dessa realidade.

"Tudo vai se transformando,
apagando e se purificando,
permanece apenas o meu ego sereno.
Meu corpo vive no presente,
mas minha vida compartilhada com Buda,
ilumina o Céu e a Terra"

Masahisa Goi

INFÂNCIA (I)

Nasci em Tóquio, no bairro de Asakusa, entre o período das 5 às 6 horas da tarde do dia 22 de novembro do ano de 1916.

Meu pai era o filho de um samurai pertencente ao clã feudal de Echigo Nagaoka, e na entrada de nossa casa havia uma placa, especialmente colocada, com o nome de Manjiro Goi, atestando sua procedência da classe guerreira.

Cheio de sonhos e esperanças, entre os quinze e dezesseis anos de idade, meu pai deixou sua terra natal e estabeleceu-se em Tóquio. Mas sendo de natureza doentia e possuindo muitos filhos, transcorreu toda a sua vida num emprego que não satisfazia seu coração e o fez envelhecer precocemente. Seu único motivo de orgulho parecia estar nesta placa que atestava sua procedência.

Minha mãe, Kiku, nasceu em Tóquio, como filha de um comerciante. Sua fibra e dinamismo, que nada ficava a dever ao sexo oposto, capacitou-a a amparar este esposo de natureza física doentia, dar à luz nove filhos e criar 2 moças e 6 rapazes.

Apesar de pequeno, meu coração de criança se lembra com clareza da tenda de doces e variedades e do salão de barbeiro em que nossa casa se transformava. "Não se deve nunca pedir emprestado dinheiro a ninguém. Qualquer situação, por pior que seja, deve ser enfrentada com seu próprio esforço". Esta era a ladainha constante que ouvíamos de nossa mãe. De acordo com essas palavras, o fato de não haver jamais tomado emprestado um centavo sequer, por mais difícil que fosse a nossa vida, era o maior motivo de orgulho de minha mãe. Entretanto, devido a isso, somente meu irmão mais velho frequentou a escola com a ajuda financeira dos pais, as demais crianças enfrentaram muitas dificuldades para terminar a escola com seus próprios esforços. Mas nenhum dos filhos rebelou-se com esta atitude dos pais. Isso se deve à imagem sofrida que tínhamos de nossa mãe, sempre atarefada, sacrificando até mesmo as horas de sono em trabalho contínuo.

Eu herdei, desde pequeno, a natureza doentia de meu pai. Cresci como um jovem que os médicos duvidavam que conseguisse sobreviver até à maioridade. No exame físico médico da escola, meu corpo era apontado e observado pelos médicos e professores como o modelo de estrutura física peculiar aos tuberculosos, e comentavam entre si que se essa criança não se tornasse tuberculosa, isso seria um fato extraordinário na Medicina.

Eu ouvia esses comentários calado, numa mistura de sentimentos de medo e dor. Não sei se foi devido a isso que eu sentia uma resistência muito grande em despir-me na frente de alguém e recusava-me categoricamente a ir ao banho público. Crescia dentro de mim a desesperança quanto à minha saúde e a certeza de que, sem dúvida, eu morreria de tuberculose ou de alguma doença do estômago ou intestino por volta da maioridade, ou mesmo antes.

Descobri-me seriamente interessado por assuntos relacionados com a morte. Penso que este foi o meu primeiro passo em direção ao desenvolvimento de meu interesse filosófico e religioso.

Apesar dessa sensação de dúvida relacionada à minha saúde, no fundo do meu coração, opondo-se a este corpo doentio, escondia-se algo alegre e divertido, e frequentemente eu provocava risos com as minhas danças cômicas na frente de minha mãe e irmãos. Não importava que me considerassem um tolo, o fato de que meus pais e irmãos tivessem momentos de diversão me deixava contente.

O meu entretenimento, desde os tempos de menino, era ler livros e cantar canções. Na escola, a redação e o canto eram minhas disciplinas favoritas, e fui muitas vezes elogiado, até mesmo pelo diretor da escola, pela pronúncia clara e firme nas leituras de textos.

O que fez com que eu me tornasse uma vez músico foi propiciado pelo encadeamento das situações dessa época.

Eu era uma criança de estatura baixa, rosto pálido e fino, de ombros recurvados e peito achatado, mas não causava aos outros uma impressão sombria. Isso se devia a minha natureza afável que não deixava o sorriso apagar-se do meu rosto. Algo que sempre detestei, especialmente, era causar uma má impressão às pessoas. Eu me preocupava muito em evitar ferir alguém ou dizer coisas desagradáveis. Parece-me que isso, com o correr do tempo, se tornou um hábito que me proporcionou a capacidade de observar o coração das pessoas, e me habilitou a assumir atitudes e fazer uso das palavras de modo a não ferir os sentimentos de ninguém.

Se para conseguir vantagens fosse necessário prejudicar alguém, para mim era preferível ficar com o prejuízo ao invés de ferir. Esse pensamento não estava sustentado em alguma espécie de teoria, eu fora levado a essa conclusão naturalmente.

Após o Grande Terremoto que provocou desastres na área de Kanto, cujo incêndio destruiu tudo e não nos deixou nada, habitávamos um barraco de emergência apenas com as roupas do corpo.

Certo dia, houve uma distribuição dos donativos enviados de vários lugares para os flagelados. Dentre todos os artigos doados, a coisa mais valiosa eram roupas. Entretanto, não havia quantidade de roupa suficiente para ser distribuída a todos os alunos. O professor então perguntou:

_ Quem não tem nenhuma roupa pra vestir, além desta do corpo, levante a mão.

Quase todos levantaram a mão, apenas eu e outros dois ou três alunos não levantaram. Eu não levantei a mão porque lembrei que tinha além da camisa que vestia no momento, mais uma outra que tinha ganho de parentes do interior.

Voltei pra casa achando que era justo não ter ganho nada. Neste dia, houve uma distribuição nas demais escolas também e todos os meus irmãos mais velhos tinham ganhado roupas. Minha mãe, vendo que voltei de mãos vazias, perguntou:

_ Na sua escola não houve distribuição de roupas?

_ Houve, mas como eu tenho mais uma roupa em casa, não pedi.

E quando expliquei as condições da distribuição, minha mãe exclamou:

_ Este menino me deixa atônita! Era chance pra ganhar mais uma roupa... que pena! Você é realmente um cabeça de vento! – e me observou expressando em seu rosto todo o seu estarrecimento.

Ouvindo essas palavras, de repente comecei a pensar que era realmente um idiota. Eu sabia que todos que haviam levantado a mão voltaram pra casa levando alguma roupa. Entre essas crianças, encontravam-se filhos de pessoas de posse... Eu me senti completamente desconsolado e minha cabeça pendeu em frente de minha mãe. Eu estava prestes a chorar se ela acrescentasse mais uma palavra.

Mas felizmente, minha mãe não repetiu uma segunda vez palavras que me magoassem. Para minha mãe, era deplorável ver esse filho tão tolo, que apesar de possuir apenas uma única vestimenta, não se manifesta na ocasião da distribuição gratuita de roupas, perdendo a chance de ganhar.

Este acontecimento permaneceu em meu coração de criança como um problema difícil de apagar ou fazer desaparecer.

Honestidade ou excesso de honestidade ao ponto da idiotice, este era o único modo de agir que eu poderia ter tomado, foi a conclusão à que cheguei muito mais tarde, e só então o meu coração se tornou leve novamente.

Meu problema não se relacionava apenas ao meu

corpo fraco, pois além disso, desde os tempos do primeiro ano escolar, minha pálpebra esquerda andava ruim, inchava toda avermelhada e estava sempre inflamada. Por isso, sempre colocava diversos tipos de remédios e bandagens na pálpebra. Isso acentuava a minha aparência doentia e me mostrava ainda mais frágil. Esta inflamação dos olhos, embora examinada por diversos médicos, não sarava. Agora eu compreendo que a causa daquela doença dos olhos, assim como daquele corpo fraco, era o meio de purificação dos pensamentos errados dos meus antepassados.

Esse conjunto de condições péssimas do ponto de vista físico, subjugava o meu caráter naturalmente alegre e ativo, tornando-me uma pessoa que não se relacionava ativamente com o exterior, mas sim com o interior, levando-me de uma forma natural, a interessar-me por assuntos relacionados à alma.

INFÂNCIA (II)

Não sei se foi devido à pobreza de minha família, mas a partir dos 3 anos, já estava preocupado com o problema da sobrevivência, com o tipo de vida que levar, o que me serviria melhor. Lembro-me de que refleti sobre assuntos desse tipo nessa época. Quando alguma senhora, que me era estranha, me chamava de "Bochan!" ou algo semelhante, eu sentia o meu íntimo que eu não era esse tipo de criança.

"Bochan" era o tratamento dado aos filhos de famílias ricas, e uma criança de família pobre como a minha não merecia ser chamada por esse nome na minha opinião. Dentro desse coração, que pensava dessa forma, a idéia de que eu necessitava tornar-me rapidamente independente e ser capaz de sustentar-me estava firmemente plantada.

Apesar destes pensamentos, nunca encarei a vida com algum complexo de inferioridade, ou mesmo abriguei sentimentos de inveja contra pessoas ricas. Parecia me sentir desta maneira naturalmente.

Desde os tempos do primeiro ano da escola elementar, o meu boné, minha roupa, a bolsa e os livros, tudo era de segunda mão, herança do meu irmão mais velho. Nos livros estavam anotadas as respostas corretas, e lembro-me de que isso era muito prático nas horas de estudo.

O Grande Terremoto de Tóquio, no dia primeiro de setembro de 1923, foi o primeiro dos acontecimentos que modificaram o meu destino. Isso se deve ao fato de que, ao grande terremoto seguiu-se o incêndio que destruiu nossa casa. Meu tio, esposo da irmã mais velha de meu pai, veio de Echigo (província de Niigata) para nos ajudar e me levou com ele para a sua terra natal.

A minha vida no, desde então, torrão natal de Echigo fortaleceu, sem sombra de dúvidas, o meu corpo e espírito. O meu relacionamento com os espíritos dos meus antepassados estava acontecendo em níveis profundos, como me certifiquei mais tarde.

Em meio à comunicação com a natureza da minha terra natal, transcorreu o meu segundo ano escolar, mas todos os anos, nas férias de verão, visitava a terra dos antepassados de meu pai e me familiarizava com a natureza. Niigata ken, Koshigun Kami Gumi Mura Aza Yoko Makura, este era o nome do lugar onde se localizava a casa da irmã mais velha de meu pai, e no local que hoje se denomina Junichicho, na cidade de Nagaoka, estava a casa do seu irmão mais novo. Eu me hospedava 1/9 do tempo na casa dele e o restante na casa desta tia.

Nos meus tempos de criança, desde manhã bem cedinho, subia a montanha que existia atrás da casa e brincava, ajudava minha tia nos afazeres domésticos, juntava lenha, e parece-me flutuar ante os olhos a minha própria imagem descendo a montanha com o fardo de lenha às costas respirando ofegantemente. Minha tia, apesar de possuir dois filhos homens, me considerava e me mimava como se fosse seu próprio filho, e eu considerava os meus primos como meus irmãos de sangue e ficava feliz quando eles me convidavam a participar de suas brincadeiras. Se eu estivesse em Tóquio, teria três irmãos mais velhos que eu e dois mais novos e raramente podia expandir-me livremente. Mas em Echigo, todos obedeciam aos meus desejos e a minha rotina diária transcorria em meio ao meu coração pleno de liberdade.

Quando reflito agora, acho a coisa mais natural do mundo, mas naquela época, não sei por que razão, eu gostava de templos, e ia ao Templo Joshoin que ficava na montanha atrás da casa para ouvir os cantos das sutras budistas e o som dos gongos de madeira. Tempos mais tarde, no jardim desse templo eu pratiquei o zazen*[1] sozinho e comecei a esforçar-me em concentrar - tudo isso levado e guiado pela alma de meus antepassados. Por esta razão, sentia com mais profundidade que Echigo era o meu torrão natal ao invés de Asakusa, o lugar que nasci. Quando estava em Tóquio, parecia-me estar sempre com o problema da sobrevivência ante meus olhos, não podia sentir a vida em si como algo natural e sentia que o meu coração estava sempre oprimido pela necessidade de iniciar logo uma vida própria independente e auto-suficiente. Tanto meu pai, como minha mãe, desejavam que cada um de meus irmãos se tornasse independente o mais depressa possível e não estavam sequer preocupados em almejar o que se considerava na opinião pública um indivíduo bem sucedido na vida. Além disso, eu não necessitava carregar no coração o pesado fardo de olhar pelos meus pais na velhice, por isso eu podia aspirar qualquer coisa na maior liberdade.

Desde os tempos da escola primária, eu apreciava recitar haiku*² e tanka*³, e minhas composições literárias sempre se classificavam entre a primeira ou segunda melhores nas classes do mesmo nível. Além disso, o meu canto também era bem reputado, e por isso eu pensava em tornar-me escritor, músico ou professor de escola. Mas todas essas profissões necessitavam de muito estudo.

Nesta época, um romance juvenil de autoria de Koo Sato estava em moda, e eu, apesar de não passar de um garoto e apesar de talvez não compreender totalmente o conteúdo, li sem tomar fôlego a coleção completa da literatura japonesa, assim como a coleção completa da literatura mundial, tentando tornar-me o exemplo vivo do jovem virtuoso, herói do romance deste escritor.

Fascinado como estava por este livro, que era uma espécie de modelo de como proceder para se tornar uma pessoa nobre e respeitada, tomei a decisão de, como o herói deste livro, corajosamente avançar na frente da batalha de sociedade e tornar-me um cavalheiro independente, estudando e trabalhando arduamente.

Ao terminar o primeiro ano do curso secundário, vi um anúncio no jornal procurando um ajudante menor de idade. Isto veio de encontro aos meus planos de fortalecer meu corpo e espírito, atuando na sociedade e ao mesmo tempo estudando. Assim, tornei-me um empregado da pequena loja de tecidos T.

Apenas com o curso elementar não era fácil sair pelo mundo. Era necessário, de qualquer maneira, estudar mais e mais, e tornar-me um indivíduo que fosse útil à sociedade - este era o meu firme propósito nesta época. O coração do jovem de 13 anos mais leve e baixinho da escola, como o herói do romance de Koo Sato, estava inflamado de esperanças com o futuro.

O empregado da loja T, isto é, o menino de recados, tinha de acordar de manhã bem cedo como fazia a empregada, e dividia com ela as tarefas da limpeza da casa. Em seguida, devia colocar em ordem a loja até a chegada do funcionário principal.

Na época do verão, tudo corria bem, mas durante o período de inverno, a água gelada tornava quase impossível o trabalho. Entretanto, eu não tinha a mínima intenção de seguir como um comerciário, esforçava-me em trabalhar bem, tornar-me saudável e continuar os estudos para tornar-me uma pessoa nobre e respeitada. Este era o meu firme propósito, por isso não podia agir da mesma forma que as demais pessoas. Desta maneira, de manhã acordava mais cedo que todos, às 4 horas, aprontava a carreta de entregas, terminava a limpeza dos fundos e, antes que todos acordassem, esforçava-me em estudar o mais que fosse possível.

Quando ia de encontro a algum acontecimento infeliz, servia-me dele como um meio de fortalecer e aperfeiçoar meu coração e espírito, isso tornava-me leve e estimulado no dia a dia.

Puxar a carreta de entregas, ir de Nihonbashi até os arredores de Nerima, nos primeiros tempos, era um sofrimento que qualquer pessoa dificilmente suportaria. Subir a colina de Yamanote, andar nas ruas com o asfalto amolecido pelo calor do verão, o ferro das rodas da carreta grudando no asfalto da rua... Era necessário concentrar toda a energia do corpo e puxar, caso contrário a carreta não se movia nem pra frente nem pra trás.

A carga da carreta constava de três a quatro caixas de tecidos. Cada caixa de cerca de um metro de comprimento por cinquenta centímetros de largura. Era um trabalho bastante pesado para um garoto de 13 anos que, além do mais, tinha o corpo pequeno comparado aos meninos da mesma idade.

Nesta época, os sentimentos da frase de Ieyasu Tokugawa[*4] que dizia que "viver era semelhante a percorrer uma longa estrada, carregando um pesado fardo às costas", eram os meus, pois eu me sentia exatamente dessa forma.

Para subir a colina com a carreta, mesmo que a princípio meus olhos focalizassem o topo, depois, passo a passo, era melhor que olhasse apenas para os meus próprios pés e caminhasse, pois se mesmo por um instante minha atenção fosse desviada para o alto, corria o perigo de cair e escorregar pela colina abaixo.

A vida do ser humano é algo parecido com isto. O ideal deve ser colocado no alto, mas é muito importante atuar honestamente passo a passo na vida rotineira.

As pessoas que estão perseguindo sempre o ideal, lucram com isso apenas desassossegos na vida do dia a dia, e empurram a sua família a uma vida infeliz e miserável.

"Minhas mãos e pés enregelam-se e se tornam doloridos, à minha frente se alonga a estrada que tenho que percorrer..."

Este poema nasceu nesta época de minha vida.

Acordava às 4 horas da madrugada, enquanto estava

claro empurrava a carreta de entregas, à noite ia à escola, dedicava-me à leitura e dormia por volta da meia-noite, esta era a minha rotina diária. Mas de vez em quando tudo se descontrolava. Dependendo do trabalho, havia muitas ocasiões em que não era possível conseguir horas livres à noite.

Consequentemente tinha que faltar à escola, e pra recuperar o tempo perdido estudava enquanto puxava a carreta de entregas. Para o meu corpo que começara a se acostumar ao serviço de puxar a carreta de mercadorias, ler o "Reader's" em inglês, andando, tornou-se uma tarefa menos complicada.

Diferente dos dias atuais, naquela época, raramente passava algum carro e não era necessário muita cautela para transitar pelas ruas. Nos dias ensolarados, apoiava meu corpo na carreta, que avançava para a frente naturalmente. E seguindo com os olhos as letras do livro, sentia uma espécie de satisfação intelectual, uma percepção de que estava vivendo plenamente. Isto tornava o meu coração leve e feliz.

Com o tempo consegui a permissão de ir comerciar sozinho usando uma bicicleta, isto proporcionou-me o uso das horas livremente e, assim, pude participar do treinamento de Judô*⁵ de manhã.

Nesta época, meu corpo e espírito tinham se tornado verdadeiramente saudáveis. Esta saúde física e espiritual eu conseguira com o trabalho físico, somado a um exercício de sentar-me em silêncio praticando a respiração usada na yoga, que aprendi por volta dos 13 anos, embora não me lembre agora por que razão. Mas a prática diária deste exercício antes de dormir, sem dúvida auxiliou a minha saúde.

O fato de poder arranjar livremente minhas horas de trabalho, me permitiu programar mais horas de leitura e isso era a minha maior felicidade. Clássicos da literatura, tratados de filosofia, além da Bíblia Sagrada e da Doutrina de Buda, eu estava sempre atrás dos escritos nas livrarias de livros usados.

O conhecimento memorizado não me interessava, eu buscava nos livros palavras e ações que ressoassem no fundo do meu coração, tal como havia encontrado na música.

Minha atitude não era causada por alguma razão lógica, eu agia assim naturalmente, levado por uma força desconhecida.

Por volta dos 18 ou 19 anos, deixei meu emprego na casa comercial T. Tornei-me independente e abri a Casa de Comércio Goi, que era um misto de venda por atacado e varejo. Eu era o patrão que acumulava as funções de empregado. Foi nesta época que iniciei formalmente os meus estudos de música e, paralelamente, parecia-me que o caminho mais adequado estava em seguir a profissão de professor de escola ou escritor.

"Quero trabalhar em algo que contribua para o bem estar do próximo", este desejo ia se aprofundando e se fortalecendo cada vez mais.

Foi nesta época que comecei a participar das rodas dos poetas e também a época em que pretendi escrever um romance.

JUVENTUDE

Terminei meus estudos de música trabalhando e estudando. Por algum tempo, atuei como instrutor dos jovens estudantes de música, mas em setembro de 1940, através da apresentação de meu terceiro irmão, empreguei-me na fábrica de Kameari pertencente ao Grupo Hitachi de Manufaturados.

Meu irmão, Toshio, era um técnico em eletricidade e já há muito tempo estava trabalhando na Hitachi. Certo dia, conversando com o Senhor Kunio Yagi, responsável pelo bem-estar do Departamento Pessoal, aconteceu de a conversa cair sobre a minha pessoa.

_ Estou justamente pensando em iniciar um amplo movimento cultural. Estava especialmente procurando um instrutor para o coral, por isso gostaria que você me apresentasse a seu irmão mais novo.

A conversa se desenvolveu nestes termos. Quando fui informado desta conversa de meu irmão com o Sr. Yagi, senti intuitivamente que este era um bom serviço. Entrei neste campo porque gostava demasiado da música, mas estudar e ao mesmo tempo trabalhar era muito penoso e, se você não fosse um talento raro, dificilmente conseguiria se tornar um músico de primeira categoria, esta era uma verdade bastante clara.

Além disso, os meus dedos curtos não me qualificavam como pianista, e mesmo o trabalho de compositor que eu mais visara, devido a essa inabilidade instrumental, tornava difícil o nascimento de grandes composições. Vi-me compelido a escolher o que sobrava, isto é, a vocalização, o canto. Felizmente, no que se relacionava à voz, eu era bem dotado, e frequentemente o professor me dirigia palavras de expectativa quanto à minha voz de alto barítono. Mesmo assim, eu sentia resistência à idéia de subir em um placo festivo para cantar. A confiança em seguir a profissão de vocalista e subir ao palco não surgiu em meu coração. Eu tinha dúvidas quanto à minha capacidade pessoal, devido à falta de estudos. E também encarava a categoria de vocalista como um degrau abaixo daquela dos compositores e instrumentalistas, meu raciocínio desta época me fazia agir assim.

Analisando-se tudo, meus estudos de música pareciam ter se limitado a um aprofundamento de conhecimentos sem nenhuma aplicação prática.

Justamente nesta época, esta conversa a mim trazida parecia estar caindo do céu.

_ É isto! – pensei e decidi aceitar.

No dia seguinte, levado pelo meu irmão Toshio, fui à fábrica de Kameari visitar o Sr. Yagi. Ele apareceu sorridente no seu uniforme de trabalho. Era um homem bem apessoado, de feições um tanto estrangeiras, com um ar de Charles Boyer. Devia estar por volta dos 33, 34 anos.

Após introduzir-me, meu irmão Toshio retornou ao

seu trabalho na fábrica. Sentei-me em frente ao Sr. Yagi na sala de recepções. Através da janela, tinha-se uma bela vista do jardim, onde os vários canteiros floridos e, especialmente as flores de fuyô*⁶, encontravam-se em plena florescência, competindo umas com as outras suas cores. Ante os meus olhos eu tinha um espetáculo de estranha beleza.

Eu previa encontrar um ambiente barulhento e cheio de graxa, segundo a minha concepção de fábrica, mas ao invés, ante os meus olhos se estendia uma beleza quase celestial. Neste dia, a cor do céu era de um azul límpido muito bonito.

_ É um belo jardim! – falei sem pensar.

_ Não, nem tanto assim. A partir de agora, estou pensando em iniciar diversas atividades culturais...

Iniciando com essas palavras, ele conversava abertamente como estivesse se dirigindo a um velho conhecido, e me contava de seus planos e desejos um após o outro. Enquanto falava, suas pupilas radiavam uma forte claridade, atestando que seu entusiasmo em direção ao movimento cultural e do bem-estar dos funcionários da fábrica não era uma coisa comum. Enquanto ouvia a sua conversa, tudo me fazia sentir como se eu já pertencesse a esta fábrica, e a ilusão de que já estava realizando vários trabalhos com ele se apossou de mim. Neste dia, o Sr. Yagi ouviu-me cantar duas peças, e isso se tornou o meu exame de entrada para a firma. Passados 2 ou 3 dias, iniciou-se para mim a vida de trabalho na fábrica.

Empregando-me, a beleza que senti nos canteiros floridos perto da sala de recepções, os planos culturais, de tudo isso eu podia observar apenas uma migalha. O espaço ocupado pela fábrica que cobria uma área monstruosa, as diversas construções que pareciam encharcadas de óleo, o ruído das máquinas, o uso de vocabulários violentos (confirmando a minha idéia pré-concebida de fábrica), as atitudes vulgares dos grupos de operários trabalhando apenas para prover as necessidades alimentares do dia a dia.

Para a fábrica, erguer o nível de produção era o que bastava. Para o operário, conseguir um salário o mais alto possível era a coisa mais importante. Neste lugar, algo como uma natureza humana mais elevada, ou um conhecimento intelectual mais profundo, não era reconhecido como indispensável.

Eu me empregara no Departamento Pessoal tendo como atividade principal o ensino da música, mas isto vinha de planos que o Sr. Yagi tinha dentro do peito, para os demais superiores eu era apenas mais um funcionário que tinha entrado para o departamento. O meu primeiro dia no movimento cultural da fábrica começou como ajudante de escritas da placa de anúncios de sessão de cinema, dentro do programa de entretenimento da fábrica.

Nesta fábrica, o principal trabalho em prol do bem-estar dos funcionários limitava-se à distribuição de suprimentos e o trabalho, no sentido psicológico, se limitava e proporcionar entretenimento através da sessão de cinema que acontecia vez por outra.

Escrever cartazes, fazer a lista dos nomes para a distribuição de suprimentos, auxiliar e assistir a equipe de esportes, etc, etc, e quando comecei a me acostumar com a atmosfera da fábrica, finalmente iniciei o meu verdadeiro trabalho: tornei-me um instrutor do coral formado pelas jovens que compartilhavam o dormitório das escriturárias. Seguiu-se a formação do coral das jovens da escola juvenil e ainda outro composto pelas operárias, um após o outro fui desenvolvendo o serviço que me trouxera ali. E ainda mais, na hora de descanso que se seguia ao almoço, visando aliviar o cansaço e também esperando que agisse como alimento para o coração, enviava da sala de transmissão, fazendo uso do fonógrafo, música leve, discos de música clássica fáceis de ouvir juntamente com uma explanação sobre os mesmos. Programei também uma divertida transmissão do que se chama, atualmente, um programa de calouros. Além disso, ao terminar o dia de trabalho organizei um concerto musical onde se ouviam discos, e fui assim, pouco a pouco, estendendo meu trabalho em direção à arte literária, criando o grupo da tanka, o grupo do haiku, o grupo que se reunia para melhorar a escrita e o estilo, seguindo-se ainda o grupo de Teatro. Assim, fui desenvolvendo o meu trabalho. Neste meio tempo, aconteceu a edição de um jornal operário e, de repente, dentro da fábrica uma corrente de calor humano começou a circular.

Este movimento cultural fez nascer o relacionamento com outras associações culturais externas, com poetas, entre eles os senhores Kotaro Takamura e Teruyo Takeuchi que, ao lado de outras pessoas, nos honraram com os seus ensinamentos. O Professor Takamura com sua personalidade de simplicidade e pureza sem igual e seu espírito poético elevado e a Senhora Takeuchi com seu amor pelos jovens que parecia transbordar de sua pessoa, provocaram uma profunda emoção em meu coração.

Esta alma elevada, que era o poeta Takamura, me disse uma vez:

_ Não há palavras suficientes, não acha?

Essas palavras ressoaram por muito tempo em minha mente. Mesmo aquele grandioso poeta lamentava a pobreza das palavras para expressar em suas poesias, constatei admirado na minha juventude. Palavra viva, atuante, cada uma envolvendo o seu significado real, isso me fez pensar desde então que deveria tomar cuidado ao fazer uso das palavras em todas as ocasiões, não só no mundo da tanka e da poesia.

Continuei o meu trabalho com afinco, e este calmante do coração das pessoas que trabalhavam começou a causar uma influência benéfica no nível de produção.

Minha primeira intuição de que este era o lugar adequado para trabalhar tinha sido correta. Trabalhar nesta fábrica proporcionou-me o entendimento profundo e detalhado de ambos os lados, o coração das pessoas que trabalhavam e o das pessoas que estavam na posição de comandar.

Fiz um voto de colocar todo o meu espírito no trabalho para o aperfeiçoamento humano das pessoas da fábrica, e assim procedi.

Neste meio tempo, aconteceu a guerra entre o Japão e a China, que se ampliou na Grande Guerra do Oriente. Todo o Japão se uniu pra enfrentar esta crise nacional, as engrenagens da fábrica tiveram de ser aceleradas rapidamente em direção ao aumento de produção. Foi uma luta desesperada tendo como adversários países como os Estados Unidos e a Inglaterra. Mas no meu coração havia a certeza da vitória, e o pensamento da derrota não passou pela minha mente. Eu estava completamente crente de que a Grande Guerra do Oriente era uma luta sagrada, uma batalha de Deus.

Nesta época, eu me encontrava na felicidade reservada às pessoas comuns de 25 anos, sem nenhum poder extra sensorial ou espiritual. Se por acaso, já naquela época, como acontece no presente, eu já possuísse o poder de prever ou de pré-cognição, com certeza as minhas amarguras seriam grandes. Eu amava mais que todos este país e acreditava nele, meus pensamentos de amor se dirigiam a todo o povo japonês. Deus não necessitava de mim na guerra, Ele parecia estar me criando e preparando para que eu pudesse trabalhar no mundo confuso e perdido do pós-guerra.

Junto com o início da Grande Guerra findou a música de entretenimento, restringindo-se às marchas e canções militares com seus poemas todos da mesma cor, ritmando e estimulando com vigor. Até mesmo o movimento literário foi se transformando no de um país militarista.

Eu comparecia ao trabalho todas as manhãs às 6 horas, emitia da sala de transmissão o disco com a música marcial que recebia os demais trabalhadores, fazia uma leitura de poemas de inspiração militarista e, dia e noite, dedicava todas as minhas energias em elevar o estado de ânimo dos demais trabalhadores.

Os membros executivos da fábrica começaram a ver com muito interesse esse estímulo à elevação do moral, e passaram a me alegar importância. Eu ensinava canções militares aos trabalhadores, ao mesmo tempo em que temia que a expressão dos sentimentos e emoções desaparecesse do coração de cada um. Mas a essas alturas já tinha chegado a hora em que, ao invés da expressão emocional ou algo semelhante, estava sendo de capital importância centralizar as atenções na elevação do espírito militar.

O roncar das máquinas agora já não era barulho, mas sim música celebrante da vitória certa. O operário despido que batalhava na fornalha era o Salvador do Mundo. Todos os trinta mil trabalhadores deviam ser os heróis que avançavam as alamedas da vitória certa.

As notícias das vitórias me faziam chorar de emoção, com um sentimento de gratidão às almas dos combatentes mortos, lágrimas enchiam os meus olhos vendo os moços e moças trabalhando arduamente. Eu orava fervorosamente pela vitória deste país e acreditava no triunfo.

Nesta época, o Sr. Yagi, com metade dos seus sonhos de realizar um movimento cultural na fábrica dissolvendo-se no tumulto da guerra, foi transferido para outra filial como chefe da Sessão Pessoal. Devido a isso, o meu trabalho foi ampliado, mas eu desconhecia o cansaço.

A minha resistência física frágil da adolescência tinha desaparecido completamente nessa época. O menino da família Goi, que desperdiçava dinheiro com os médicos, como eu era apontado na minha infância, devido a minha natureza doentia, desaparecera no momento em que decidi cortar de vez os elos com os médicos.

Tomei esta decisão por volta dos 16 anos.

Todos os anos, nas férias de verão, ia à terra natal de meu pai e visitava as montanhas de Echigo, o templo que ficava no coração da montanha e permanecia sentado em quietude por várias horas por dia. Isso não vinha de nenhum sentimento religioso de alcançar a Iluminação, e sim do desejo de livrar-me da minha, então, doentia natureza física. Mas com o passar do tempo tudo foi se transformando em uma meditação de fundo religioso, e não sei exatamente desde quando, elevar o meu espírito até o estado em que o ego deixasse de existir e eu me anulasse no supremo espírito do Universo tinha se tornado o meu objetivo.

Neste meio tempo, lia a Bíblia Sagrada e, esporadicamente, a Sutra que continha os grandes ensinamentos de Buda.

Nos primeiros tempos, eu era um fervoroso seguidor de Musha Koji, admirava Tolstoi e estava me tornando aos poucos religioso. Comecei a ter uma concepção religiosa própria por volta dos 23, 24 anos, mas até mesmo essa concepção religiosa foi completamente modificada com o fim da guerra. O meu método de praticar a meditação não funcionou de um modo visível e decisivo para que eu alcançasse a Iluminação, mas teve o grande efeito de modificar a minha natureza doentia.

Isso se deve, em primeiro lugar, à resolução de libertar-me da dependência dos médicos, em segundo, ao fato de que os exercícios respiratórios usados nos treinos vocais foram se amoldando naturalmente, enquanto praticava a meditação, ao método respiratório religioso (um dos processos respiratórios da yoga). Penso que isso se deve também ao encorajamento dos espíritos dos meus ancestrais existentes naquela montanha do meu torrão natal.

A minha concepção de Deus, na época em que entrei na Hitachi, se limitava à crença de que essa entidade tinha criado a natureza, o ser humano e nada mais, e que este ser criado não tinha outra alternativa senão desenvolver ao máximo toda a capacidade de que tinha sido dotado ao nascer. Não pensava que Deus, como uma força externa, fizesse algo assim como ajudar este homem.

E, principalmente, a existência de almas e espíritos após a morte era um assunto em que nunca pensara seriamente. Dessa maneira, quando pensava em Deus, Ele era o Ser Puríssimo, o objeto de veneração que existia para purificar meu coração. Pensava neste Deus Todo Poderoso como um estímulo à minha própria coragem, e não como Alguém que pudesse me salvar ou auxiliar-me como uma força exterior.

A única coisa em que acreditava era na honestidade de meu ego, e quando acontecia desse senso de justiça tornar-se o mínimo que fosse nublado, meu coração se enfraquecia extremamente.

Sem este senso de justiça eu era alguém que não podia dar um passo à frente, e pra elevar este senso de justiça eu pensava constantemente em Deus. Estava, assim, sempre em franca disposição e não perdoava a desonestidade do ser humano. Justiça significava amar o país e amar as pessoas. Eu acreditava nisso e me entreguei à vida da fábrica; liderei o movimento cultural e, para aumentar a produção, que era o fundamento que possibilitaria a vitória da nação, entreguei-me de corpo e alma à função de elevar o moral.

A guerra se tornava cada vez mais violenta, e da fábrica os operários eram convocados um após o outro para os campos de batalha. Devido a essa diminuição pessoal, o horário de trabalho foi prolongado, até que todos começaram a dar sinais de estafa devido ao excesso de trabalho.

Nesta época, para auxiliar o aumento da produção, de cada província do Japão, meninos e meninas que tinham acabado de receber o diploma da escola primária adentraram os portões da fábrica um após o outro.

As meninas de cabelos curtos cortados em franja, os olhos redondos brilhando inocentes, no trabalho árduo de colocar o metal líquido nas formas de modelagem ou na operação de polir as peças, era uma cena comovente.

Para o bem desses jovens que vinham de Nagaio, de Fukushima, de Kyushu, recrutados no país inteiro, a meu pedido, o diretor da fábrica colocou-me no posto de funcionário responsável pela proteção e cuidados desses meninos e meninas.

Eu estava sempre alerta para proteger o coração desses jovens em meio às rudezas dos demais operários, para evitar que fossem feridos ou que suas mágoas se aprofundassem. Esta função, a princípio, foi vista pelos funcionários administrativos da fábrica como algo desnecessário, e eu fui posto de lado. Mas quando as demonstrações dos grupos de jovens querendo voltar à sua terra natal começaram a tornar-se frequentes, os funcionários administrativos vieram a mim para que conversasse com os jovens e os persuadisse a mudar de idéia. E assim, a minha função começou a ser reconhecida.

Os oponentes sendo crianças de 14, 15 anos, não

podiam ser dominados pela força, além disso, era um levante feito em grupo, e os funcionários administrativos (antigos operários que tinham sido promovidos a esta função), não conseguiam controlá-los. Nessas ocasiões, o último método eficaz era fazer jorrar a luz do Amor. Palavras de persuasão, frases de ameaças, admoestação violenta, tudo isso aumentava ainda mais a rebeldia e não tinha nenhum efeito. Apenas alguém com uma atmosfera de amor seria capaz de dissolver essas emoções exaltadas. De dentro desta pessoa deveria emanar o cheiro saudoso da mãe, do pai, dos irmãos, das irmãs, pois só isso seria capaz de fazer com que essas crianças desistissem da idéia de voltar à terra natal.

Eu me transformava no pai, na mãe, às vezes tornava-me o irmão mais velho, ou o amigo, e confortava o coração destas crianças. Assim, impedi que elas se retirassem do plano de produção que ajudaria a defesa da Pátria.

Dessa maneira, a fábrica pôde contar com todos, funcionava em sua força de produção total, e todos se esforçavam em elevar o nível de produção mais e mais. Entretanto, a situação da guerra começou a trazer uma sombra escura sobre o Japão. Inevitavelmente fomos de encontro à catástrofe tão temida dos ataques aéreos.

A partir do primeiro ataque aéreo, tornei-me membro do Comitê Central de Proteção da fábrica e, junto com o diretor, eu era o responsável pela função de emitir as instruções relacionadas à proteção. A minha voz, treinada nos exercícios de vocalização por ocasião dos estudos de música, comparada com a dos outros membros do Comitê, transmitia as ordens com clareza tal que todos ficavam cientes da mensagem. O diretor da fábrica mal tinha terminado de dar as instruções e eu já estava no microfone transmitindo fielmente as suas palavras.

Essa transmissão rápida e precisa foi muito proveitosa. Isso se deve ao fato de que as notícias sobre o estado da guerra, as transmissões dos ataques aéreos, etc, tudo seguia o mesmo processo. Eu era capaz de saber intuitivamente as palavras posteriores que o locutor da rádio iria pronunciar e, antes mesmo que a mensagem deste terminasse, eu já estava transmitindo a toda a fábrica a repetição dessas notícias.

Pensando agora, acho que aquilo era uma espécie de percepção extra sensorial, mas naquela época, capacidades extra sensoriais era um assunto que não me passara pela cabeça, apenas pensava que tudo se devia ao trabalho rápido da minha mente.

Entre o fim da minha adolescência e início dos 20 anos, eu já havia me encontrado com duas ou três mulheres com poderes mediúnicos, mas poderes espirituais, existências de espíritos e almas, não constituía motivo de discussão pra mim. As conversas que envolviam essas pessoas e as pessoas que tomavam a sério essas médiuns me pareciam crédulos simplórios. Isso porque essas médiuns possuíam uma atmosfera extremamente baixa, e no meu coração, eu acreditava teimosamente que este Ser Absoluto, que é Deus, era uma existência sem forma, e um ser vivo sem forma não poderia existir. Para minha própria conveniência eu determinara que qualquer poder espiritual que pudesse vir de outro mundo era algo impossível de acontecer.

A vida eterna da qual falava Tolstoi, no meu entender,

tratava-se dos pensamentos e ações que, transmitidos para a geração seguinte, perpetuariam o meu ego. Eu não conseguia estabelecer um elo com a continuação da existência do caráter individual após a morte.

Sendo a morte o final de tudo, devíamos desenvolver um modo de vida exemplar, sem motivos de arrependimentos no dia a dia. Eu levava os meus pensamentos à conclusão de que apenas a pessoa que foi capaz de viver plenamente sua vida, sem nenhum motivo de lamentação ou arrependimento, era capaz de alcançar a fronteira em que não existe mais o medo da morte.

A minha transmissão rápida e precisa dentro da fábrica transmitia uma sensação de muita calma e segurança às pessoas. A repetição do rádio e as matérias relacionadas às instruções do Comitê de Proteção foram sendo empurradas a uma roda viva, na qual não existia divisão entre o dia e a noite.

Saipan caiu, a Ilha de Ioto foi tomada, o inimigo estava avançando sobre Okinawa, mas ainda assim a maior parte do povo japonês não pensava na possibilidade da derrota do Japão. "O furacão divino logo virá, o furacão divino logo virá", todos recordavam esperançosos, o furacão que ajudou a vitória deste país, quando destruiu a frota chinesa guerreira que invadiu o Japão antigo, na Era Kā. Mas Okinawa finalmente caiu em mãos inimigas e os bombardeios aéreos atingiram o seu nível máximo.

Nós passamos a dormir na fábrica e prosseguimos o trabalho sem parar. Não havia quase tempo para dormir devido aos bombardeios imprevistos e incessantes. Além disso, o trabalho que eu fazia parecia poder ser feito por qualquer outra pessoa, mas não acontecia assim. Mesmo que houvesse um substituto, o seu grau de rapidez e de segurança era muito diferente do meu. Isso causava influência no espírito de luta, e toda a fábrica oscilava num clima de insegurança.

Como era o desejo de todos, passei a desempenhar as minhas funções vinte e quatro horas por dia, fechando-me na sala de transmissões. No final do dia, observava o microfone e constatava com estranheza que não estava cansado, este sentimento positivo e animado era inquebrantavel. Por outro lado, sofrer um bombardeio a qualquer hora e morrer também era o meu desejo. Eu estava concentrando todas as minhas forças no trabalho pelo bem do país, e esse sentimento parecia se transformar em ânimo para o meu coração. Eu dava o máximo de mim mesmo. Restava apenas esperar pela Providência Divina.

Entretanto, a situação da guerra se tornava mais e mais desvantajosa, e devido aos bombardeios aéreos contínuos, a produção da fábrica foi caindo cada vez mais.

Havia chegado a hora da última cartada, todo o povo japonês lançava-se no ataque suicida. Já estava se formando, dentro de nossos corações, a resolução dolorida de travar a batalha decisiva da guerra no território nacional. Mas o fato de que o Japão fora derrotado, essa tragédia concretizada, só me envolveu profundamente após a transmissão imperial no último dia.

Este meu país, o Japão, era uma existência absoluta para mim. O Imperador representava o Deus vivo. Esta divindade na forma humana e a transmissão da sua mensagem de rendição às forças inimigas - a proclamação imperial do fim da guerra - fizeram o meu coração prantear amargamente.

Dia 15 de agosto de 1945, "...termino aqui a transmissão da mensagem imperial", com essas palavras desliguei o botão encerrando as transmissões da fábrica e, junto com o diretor, caímos em um longo pranto amargo.

"Reverendas, augustas palavras,
encharcadas de dor,
que vêm do Imperador,
e penetram fundo no coração
de cem milhões de patriotas.
    A esta triste intenção divina que se acercou,
    chore e expresse em voz alta
    os lamentos desta dor profunda.
É vã e revolta contra o Céu e a Terra,
ante a realidade desta derrota,
não há lugar onde esconder a própria sombra.
    Caiu por terra num instante,
    a História que começou há três mil anos.
    Relembro saudoso, no tempo distante,
    o Imperador que provêm amor divino.
A este povo chocado, confuso,
não há mais nada a fazer.
    Éramos um povo soberbo,
    tentamos dominar os países estrangeiros,
    afastamo-nos dos aliados,
    não cultivamos o respeito,
    afligimos este Imperador divino,
    e, inevitavelmente, o país foi derrotado.
Oh, não tenho mais palavras a dizer.

Que os cem milhões de almas deste país
cumpram a penitência e vivam nesta Pátria renovada."

Depois de chorar toda a dor que continha no peito, surpreendi-me sentindo uma nova força jorrando do fundo do meu coração. Nesta noite escrevi este poema. Perderamos a guerra porque tínhamos que perder, aceitei a derrota com coragem, e meus sentimentos eram de encaram de frente as grandes mudanças que o país iria sofrer a partir deste dia.

"Não importa a vitória e a derrota,
meu espírito vai se purificando
e, dedicando-se às pessoas deste mundo,
despe a velha carcaça e livra-se dela,
carregando nas costas o sofrimento
da reconstrução de uma nova Pátria."

À PROCURA DE DEUS

Esta derrota, que acontecia pela primeira vez na história do Japão, abalou o coração do povo. À medida que o exército americano ia se introduzindo em cada região, o coração aterrorizado fazia criar e espalhar boatos de vários tipos. Todas as mulheres seriam ultrajadas, os homens seriam aprisionados, humilhados e forçados a trabalhar, mentiras deste tipo.

Dentro da fábrica, que se encontrava com a produção paralizada, neste clima estranho, onde se misturava o sentimento de alívio devido ao fim dos ataques aéreos e o sentimento de insegurança pelo que poderia acontecer a partir de agora, os operários estavam particularmente faladores. Se não falassem, as pessoas pareciam não ter um ponto de referência para certificarem-se de sua existência.

Eu tomei a decisão de deixar a fábrica. Pensei, intuitivamente, que o trabalho que eu devia desempenhar neste lugar terminara.

A minha vida sofreria uma mudança brusca numa direção em que nunca imaginara, esse pensamento não me deixava. A partir de agora se iniciara a minha verdadeira vida e, apesar de não ter ainda nenhuma perspectiva, eu sentia no fundo do meu coração uma força nascendo.

Na fábrica, houve um apelo às pessoas que tinham conhecimento da língua inglesa. O diretor sugeriu que trabalhasse como intérprete. Eu respondi:

_ Sinto muito, mas não sou hábil com o inglês.

E, recusando-me, comuniquei a minha decisão de abandonar a fábrica logo que tudo fosse colocado em ordem.

Para isso, a coisa mais importante era conduzir de volta à terra natal os jovens operários e operárias que tinham vindo de várias regiões do país. Incumbia-se deste trabalho o Departamento Pessoal, mas a minha função de membro do Comitê de Proteção não permitia que eu assistisse a tudo calado e deixasse todo esse trabalho ao departamento. Além disso, o meu afeto por estas crianças fazia desejar que elas fossem devolvidas para junto dos pais e irmãos o mais depressa possível. Eu também me movimentei de um lado para outro e consegui obter as passagens de trem para cada região.

Nesta época, era difícil conseguir passagens de trem em quantidade, mas graças aos esforços de todos, pudemos iniciar os preparativos para o retorno à terra natal dessas crianças mais cedo do que esperávamos.

Estabeleceu-se que um funcionário acompanharia cada grupo de retorno à província respectiva, e eu decidi, por minha própria vontade, acompanhar o grupo da província de Miyazaki. As crianças estavam sempre me contando fatos exaltando a sua região natal, e as conversas sobre Ryuga, o local que se acredita na história antiga que as divindades desceram (em Miyazaki), impressionaram fortemente o meu coração. Eu tinha planejado ir a Ryuga um dia com estas crianças logo que a guerra findasse, e está claro que o fim da guerra que me referia nesta época era o dia da vitória.

Ryuga era o local onde se situava a nova comunidade de Musha Koji Saneatsu*7, e como eu estava muito interessado em comunidades novas, estava pensando sempre em um jeito de ir até lá. Entretanto, o Destino, como se estivesse colocando a minha alma em duras provas para o meu aperfeiçoamento nesta Tóquio de pós-guerra, no dia anterior ao da partida, começou a impedir que esta se realizasse.

Cerca de seis meses antes do fim da guerra, tive uma complicação nos rins, mas devido ao estado de emergência em que se encontrava o país e ao período importantíssimo de proteção da fábrica, nem me passou pela cabeça tirar um período de descanso por causa deste problema físico. O médico da fábrica me alertou dizendo que se eu continuasse neste ritmo, dentro de uma semana apareceriam os sintomas da diabete, que tudo se agravaria e tornaria difícil a cura, e insistiu pra que eu tirasse a licença para o tratamento. Recebi essa advertência com um sentimento de gratidão, mas não tirei nenhum dia de descanso. Eu estava firmemente decidido na idéia de que devia trabalhar até morrer.

Entretanto, nesse meio tempo, tomei emprestado da Senhora Koda, que trabalhava como escriturária no Departamento Pessoal, um livro que focalizava a técnica médica do futuro, de autoria do Senhor Mokichi Okada, responsável pelo inicio do método de tratamento através da purificação no Japão, conhecido atualmente como Igreja Messiânica Mundial. E a Senhora Missa Koda, mãe da jovem que me emprestara o livro, teve a gentileza de curar-me através deste método.

A teoria de Mokichi Okada dizia que todas as doenças do ser humano são manifestação do processo de eliminação dos produtos tóxicos do corpo humano. Entre esses tóxicos estavam: os de origem congênita, os provenientes de faltas praticadas pelos antepassados, o aparecimento de carmas das vidas passadas, todos eles representados pelos venenos que eram dissolvidos pela febre. Esse processo em que ocorre a eliminação dos venenos é a doença. Esta febre, que dissolve o tóxico, vem da força curativa que provêm da capacidade regenerativa natural que o corpo humano possui. Embora o corpo possa sofrer com a febre, ela é o processo de eliminação dos tóxicos e não é, de forma alguma, um estado maléfico: é um processo de purificação do corpo humano.

Fazendo-se uso propositado dos remédios, reprime-se a febre que é a ação da capacidade regenerativa natural, acimentando mais uma vez os tóxicos e somando a isso as toxinas que os remédios contém.

Por isso, na mesma medida em que a variedade dos remédios aumenta, aumentam também os venenos no corpo humano, as doenças tornam-se difíceis de serem eliminadas e outras doenças graves vão se manifestando. Tudo isso demonstra que não devíamos contrariar a natureza e que é melhor deixar tudo a cargo do poder curativo natural.

Da palma da mão irradia o que se deu o nome de raio espiritual, que é a luz que vem de Deus. Por isso, se pousarmos esta palma no centro purificador do corpo humano, que são os rins, e em seguida nos lugares especificados, o processo de purificação se adianta, as dores provocadas pela doença diminuem e a cura se concretiza naturalmente, isto é o que se pregava.

Esta teoria me fez concordar emocionado. Isto se deve à minha experiência do passado, que me fez ser tiranizado pela minha natureza doentia, até que joguei fora os remédios, cortei o meu relacionamento com os médicos e me entreguei inteiramente à força curativa do meu próprio corpo.

Além disso, as toxinas contidas nos remédios eram a causa das doenças, e a febre acontecia para dissolver essas substâncias. Esta teoria destruía a crença de que a febre devia ser evitada. O senso comum, que via a febre como inimiga, caiu por terra.

O posicionamento firme e resoluto deste texto causou-me uma sensação agradável. O autor é uma pessoa sábia, julguei, e a pessoa dele me despertou um profundo interesse.

Sobre os raios divinos espirituais da palma da mão, eu não tinha nenhuma intenção de negar, provavelmente deveria existir algo semelhante a isso. E assim, submeti-me ao tratamento do "Shiatsu"*[8], feito com todo o cuidado pela Sra. Koda durante dois ou três dias. Entre um e outro tratamento, a minha complicação dos rins um certo dia desapareceu. O fato de me ver curado não me impressionou especialmente. Meu corpo estava demasiadamente ocupado para que eu tivesse tempo de pensar sobre isso.

Nesse meio tempo, aconteceu o fim da guerra e a rendição do Japão.

Essa dor nos rins, da qual já havia me esquecido, justamente no dia anterior da partida a Ryuga, me atacou de repente. Por mais que me esforçasse, era com dificuldade que podia locomover as minhas pernas pesadas e, quando finalmente consegui chegar até a fábrica, estava claro aos olhos de todos que o meu corpo estava em tal estado de cansaço que não suportaria uma longa viagem.

A minha ida a Miyazaki não se concretizou.

Recebi as palavras de despedida das crianças, desapontadíssimas com a minha desistência. Deste dia em diante, fiquei acamado. Como não fui ao médico, não sei o nome da doença que me acometeu, mas uma febre de cerca de quarenta graus que durou vários dias, me fazia respirar com dificuldade, num estado em que não havia um único lugar, da cabeça à ponta dos pés, que não estivesse dolorido. Estava claro a todos que não se tratava simplesmente de uma complicação dos rins.

As pessoas à minha volta, minha mãe e meus irmãos, cientes disso, insistiam em chamar um médico, mas eu, entre palavras entrecortadas pela fraqueza, impedia-os. Eu entendia esta preocupação e o amor da minha família, mas eu acreditava, sem sombra de dúvida, que a minha própria força vital curaria esta enfermidade, por isso não sentia nenhum medo em relação à doença.

Devido à febre alta, não me passava pela garganta nada, a não ser substâncias líquidas e, apesar de ficar acamado cerca de uma semana, pensamentos conectados à morte não passaram pela minha cabeça. A sensação de segurança de que a cura era uma questão de tempo, vinha de algum lugar profundo do meu coração.

A tensão da época da guerra desaparecera completamente. O cansaço físico, devido ao excesso de trabalho, devia ter se manifestado de uma só vez na forma de dor de cabeça, pneumonia, inflamação dos rins e outros sintomas semelhantes a esses que ocorreram todos juntos. Quando a fadiga fosse eliminada, a doença desapareceria com toda a certeza. Em meio à minha respiração difícil, eu parecia estar observando o meu novo ego nascendo.

Passados dez dias, eu me recuperei completamente desta doença.

Aquele corpo, que suportou todos aqueles dias de febre alta, a partir do dia em que deixou o leito, não sofreu mais nenhuma dor e nem demonstrava estar abatido.

"O coração sem medo evitou com toda a certeza que o corpo enfraquecesse", pensei comigo. "O medo é que é o inimigo de tudo. Um coração confiante e positivo triunfa sobre tudo", lembrei-me destas palavras ditas por alguém e pensei numa inspiração, que o caminho para fazer reviver o Japão derrotado na guerra talvez estivesse na orientação do coração.

Depois de algum tempo deixei a Hitachi. Juntei os meus companheiros e formei um grupo musical, tentando despertar confiança no coração dos japoneses confusos. Mas isso foi um estrondoso fracasso.

Os simples concertos de música pura que eu planejava, sem que me desse conta, haviam se transformado em orquestra de jazz. A invasão do jazz americano destronou a música clássica japonesa, que fora por um período pura. Nos grupos musicais clássicos era difícil conseguir o suficiente para a sobrevivência, e a minha consciência não concordava com a idéia de que eu trabalhasse nesses grupos musicais. Se eu deixasse de lado a minha consciência, teria um bom rendimento, e como era um mundo em que havia fartura de alimentos, eu poderia comer bem. Para a minha mãe, que observava o mundo à sua volta sofrendo devido a privação de artigos diversos e devido à fonte de rendimento irregular e insegura desta época, esta consciência parecia ser um luxo. Ela parecia estar pensando desta forma, mas como eu deixei o trabalho de uma forma demasiadamente drástica, não tentou fazer com que eu voltasse ao trabalho.

Minha mãe sabia o quanto o meu coração estava ligado numa linha reta à Verdade.

Deste dia em diante e por um bom tempo, iniciou-se para nós a vida de sobrevivência às custas da venda de objetos de valor. Éramos três pessoas a viver: meu irmão, que retornara do campo de batalha, mas sem rendimentos, minha mãe e eu. Morávamos juntos na casa de meu irmão mais velho, mas a natureza severa de minha mãe cuidava pra que não interviéssemos na vida do casal e causássemos transtornos, por isso passamos a viver em outro lugar.

Os instrumentos musicais desapareceram, o fonógrafo se apagou, todos os discos foram vendidos, e em meio aos móveis da casa, que iam diminuindo, eu almejava e procurava o meu novo mundo.

No meio disso, estava o método de tratamento através dos raios espirituais de Mokichi Okada. Segundo a conversa da Sra. Koda, este homem denominava esse tratamento de ciência espiritual e, apesar de não dizer que se tratava de religião, eu sentia claramente uma atmosfera religiosa. O Sr. Okada ocupava já uma posição de fundador de uma seita religiosa e enviava a vários lugares os discípulos de primeira categoria. Esses discípulos tinham, por sua vez, os membros subordinados, e esses, novos discípulos. Deste modo, este poder já era algo de considerável tamanho.

Em companhia da Sra. Koda, visitei o local de tratamento, de responsabilidade de um dos discípulos de primeira categoria de nome Y.

O Senhor Y, como se podia deduzir da sua aparência, era realmente uma pessoa boa, de intenso calor humano. Enquanto procedia ao tratamento, conversou comigo sobre vários assuntos.

A conversa versava mais sobre o mesmo conteúdo do livro de M. Okada, mas dentro dessa conversa surgiu o tema do universo espiritual. E assim:

_ Se este livro for compreendido, todos os demais argumentos não tem importância – ele disse, e me entregou um livro que estava perto. Calculei que tivesse cerca de duzentas páginas. Este livro também era de autoria de M. Okada, e assuntos como diálogos com mortos, os efeitos da tomada do corpo por espíritos, várias conversas sobre esses temas estavam publicados. Li até o final, mas fiquei com uma sensação posterior semelhante à que se tem quando se lê uma obra de baixo nível, uma sensação de peso na consciência, de desconforto, uma sensação oposta à arte, de que não se tratava de obra séria.

A obra anterior que eu lera, "A Arte Médica do Futuro", me provocara profunda emoção e esta obra agora me deixara apático. Eu me indagava porque o

Sr. Y dava tamanha importância a este livro e o indicara a mim. Uma sensação de dúvida começou a surgir.

O que estava escrito no livro "A Arte Médica do Futuro", esta forte claridade que se irradiava da palma das mãos, os raios espirituais que se transformavam em energia e tinham efeito sobre o ser humano, existiam sem sombra de dúvida, com isso eu concordava. Que as doenças do ser humano eram provocadas por substâncias nocivas, que eram dissolvidas e eliminadas do corpo pela ação da febre, tudo isso era uma verdade indiscutível.

A capacidade curativa natural era um tema que, através da minha própria experiência do passado, tinha ficado bastante claro pra mim.

Depender demasiado dos médicos, dos remédios, enfraquecia a energia que existe dentro de cada um. E a coragem do Sr. Okada, que o fazia proclamar tão firmemente suas idéias, me fizera sentir admiração. Mas deste segundo livro não vinha nenhum sentimento de admiração ou de comunhão.

Depois que terminei de ler e vendo o meu rosto, que demonstrava pouco interesse, o Sr. Y disse sorridente:

_ Não é fácil de compreender este livro, mas aos poucos irá entendê-lo.

Este senhor era realmente uma pessoa boa, de um calor humano raro, e esta figura me fez comover e emocionar muito mais do que o livro.

Deste dia em diante, visitava de vez em quando o Sr. Y, indagava sobre os pensamentos e o modo de viver de M. Okada e recebia o treinamento do método curativo dos raios espirituais.

Nesta mesma época, na casa de M, um amigo que

era músico, tomei emprestado um livro, que não sei por que razão me chamou a atenção, cujo autor era um inglês de nome Holmes, e que uma pessoa de nome Massaharu Taniguchi tinha traduzido. O título era "Hyaku Ji Nyoi".

Li este livro de um fôlego só, e uma profunda emoção, como se os meus olhos tivessem sido abertos de uma vez, me invadiu. A figura de Massaharu Taniguchi eu já conhecia de algum tempo atrás e o seu livro "Kanro no Hoou" (ensinamentos que caem como chuva de néctar), que se assemelhava a uma sutra, alguém me mostrara há cerca de dez anos, mas eu me lembro que não o lera seriamente.

Depois de terminar a leitura de "Hyaku Ji Nyoi", senti que precisava ler urgentemente os demais livros escritos por essa pessoa. Assim pensando, eu colocava em prática o método de tratamento através dos raios espirituais que aprendera do Sr. Y. Pensava do fundo do meu coração que, para satisfazer minha vida, eu não podia deixar de desempenhar um trabalho que beneficiasse o ser humano, e se fosse para ajudar o próximo, queria tentar todos os meios ao meu alcance. Conhecer muitas teorias e proclamá-las orgulhoso. Servir-me delas não me passou pela cabeça. Tentar colocar em prática essas teorias era o meu modo de viver. É de um poema feito nessa época as seguintes palavras:

"Segundo a vontade divina, que a minha vida seja usada no trabalho de reconstrução deste Japão derrotado. Minha alma arde com o desejo de se tornar um fio suficientemente forte para ligar o Céu a Terra."

Como as palavras desta poesia, o meu coração somente almejava entregar minha vida em prol do Japão, da humanidade. Não sabia que tipo de trabalho almejar. Queria apenas cumprir a minha missão aqui na Terra, trabalhando para o bem das pessoas.

Utilizando a casa da Sra. Koda como base, andava pelas ruas curando doenças aqui e ali. Colocava a palma da mão no doente, massageava, apertava com as pontas dos dedos os pontos nevrálgicos do corpo, como se procede no 'shiatsu'*8 e, nesse meio tempo, muitas curas ocorreram.

As pessoas que saravam alegravam-se e tentavam me entregar um pequeno embrulho com dinheiro, mas sempre devolvia e me retirava como que fugindo. Eu principiara a pensar comigo mesmo que este serviço era uma missão divina, e portanto, eu não podia receber nenhum pagamento por isso. Apenas uma dedicação absoluta, feita gratuitamente, é que era o modo de vida ideal. E eu, teimosamente, continuei o meu trabalho curativo dentro desses princípios. Cada vez que alguém se curava, a minha alegria me fazia ascender ao Paraíso, um agradecimento era o bastante para que o meu coração se satisfizesse completamente.

Entretanto, contrariando essa minha satisfação, a bolsa de minha mãe mostrava as cores da insatisfação, se colorindo fortemente.

_ Pedir a quem não possui ou estabelecer uma quantia determinada para cada serviço, acho que não é certo, mas receber o que alguém oferece como sinal de agradecimento, onde estará o mal disso?

Assim, minha mãe não contrariava o meu modo de

vida espiritual, mas essa atitude teimosa do filho que encarava o dinheiro como um inimigo a deixava insatisfeita, e de vez em quando falava deste modo. Somava-se a isso que, quando o dinheiro para a alimentação proveniente da venda de objetos se tornava escasso, os ataques da minha mãe se tornavam sérios. Eu ouvia a sua ladainha como se tratasse de outra pessoa e não me deixava abalar, continuando a proceder da mesma forma, mas quando alguém me oferecia verduras ou peixe, recebia agradecido e levava para casa.

Prosseguindo com esse método de tratamento, ao mesmo tempo lia avidamente tratados de religião e de filosofia. Dentre estes estavam os livros do Professor Massaharu Taniguchi, que meu amigo A me emprestara, a série do "Seimei no Jisso" (A Verdade da Vida). Constava de uma coleção de doze volumes, que li em pouco tempo. Então, conscientizei-me de que havia um outro universo verdadeiro cuja existência era inegável, e que este corpo físico do ser humano não passava de uma representação.

Este conhecimento tinha sido absorvido dos livros, era um conhecimento empírico, não se tratava de algo adquirido através de experiências, mas eu tinha a impressão de que entendera claramente, era uma sensação de que experimentara tudo aquilo.

Mokichi Okada e Massaharu Taniguchi, esses dois seres humanos grandiosos, apareceram ao mesmo tempo na minha frente, quando eu me esforçava para renascer neste solo japonês sofrido pela derrota.

Mokichi Okada, este homem que tinha uma confiança inabalável no seu ego, mas que redigia trechos que não eram ritmados, e este homem, dono de uma pena poderosa e maravilhosa, que fascinava os leitores com seus escritos delicados e inteligentes: dois gigantes, donos de personalidades opostas (como pensei na época), ambos escreviam sobre a existência de um universo espiritual e tentavam testemunhar a continuidade da existência individual da alma.

Através do testemunho desses dois homens, transformei-me de uma hora para outra em defensor desta teoria.

Pode se encarar esta minha atitude como submissão ou qualidade inata. Não importa. O fato é que essa época foi o marco que me fez dar o primeiro passo decisivo em direção à pesquisa sobre o universo espiritual e, também, à procura desesperada e permanente de Deus.

Certo dia, já no fim da primavera, a convite do Sr. Y, acompanhei-o à Atami na sua visita a M. Okada. Este homem não recebia visitas indiscriminadamente, apenas os professores, discípulos de primeira categoria e os seus respectivos estudantes que haviam recebido treinamento, só nessas ocasiões é que concedia uma entrevista.

Quando adentramos a mansão, que se alcança depois de subir várias colinas, já haviam muitas pessoas. Na recepção, cada um entregou o donativo que tinha preparado de antemão. Como tinha sido prevenido pela Sra. Koda antes de vir, embrulhei algum dinheiro do meu pobre bolso e coloquei-o no recipiente destinado a esse fim, em frente ao homem da recepção. Havia muitos lugares para se sentar, cada grupo comia o seu lanche e conversava sobre vários assuntos, isto por um longo tempo.

Ouvindo as suas conversas, sem nenhuma intenção especial, parecia-me difícil aceitá-las como conversas deste mundo, tão estranho era o assunto de que tratavam a maioria delas. Exatamente como aquelas conversas de fantasmas e assombrações que ouvira das médiuns que encontrava por volta dos vinte anos. Tratavam também de possessões por espíritos de animais, sem falar do "Tengu"*⁹, apareciam monstros que nunca vira ou ouvira falar.

Mas tudo isso, graças à "Luz" (tratamento através dos raios espirituais) se purificava e curava, "o doente tinha se curado!" As conversas eram desse tipo. Apenas me aliviou não sentir a atmosfera sombria que existia nas médiuns que encontrara antigamente. Entretanto, deixando de lado o fato destas conversas serem verdadeiras ou não, estar junto dessas pessoas me tornava desconfortável, eu me sentia como que envergonhado e não tinha a mínima vontade de misturar-me às suas conversas. Tive a impressão de que o caminho que buscava estava em um universo bem longínquo deste.

O Sr. Y fechava os olhos, esfregava ambas as faces, deslizava as mãos pelo rosto. A atitude dele era de calma e parecia realmente relaxado. Este homem diferia dos outros, parecia consciente do seu próprio universo.

Finalmente chegou a hora da entrevista.

Em passos lentos, todos se reuniram no salão, o Sr. Okada encostado na escrivaninha à nossa frente, com os olhos fechados, parecia orar a uma espécie de imagem budista.

Depois que todos se reuniram, e os assentos silenciaram, como se alguém tivesse ordenado, todos se curvaram ao mesmo tempo numa profunda reverência. Fazendo essa reverência, que vira os demais fazerem, eu fui o primeiro a levantar a cabeça e o que vi me deixou atônito. Como ninguém tinha levantado a cabeça, sem outro recurso, pus-me a observar em direção ao Sr. Okada e vi o homem que estivera na recepção colocar o recipiente dos donativos em frente dele com uma reverência. M. Okada mexeu aqui e ali os envelopes com os donativos e virou os embrulhos com um maneio leve da cabeça.

De pequena estatura, com os cabelos grisalhos e um dos olhos parecendo menor que o outro, pareceu-me mais a figura de um artesão ou o chefe de uma equipe de carpinteiros, do que um religioso ou orientador da vida. Para mim, que vinha em busca de uma sombra de Cristo ou de Buda, causou uma impressão completamente oposta.

A minha volta, silenciosa até então, começou a se animar. Todos tinham levantado suas cabeças, e agora ia se iniciar o relato de cada um sobre o resultado das curas das doenças, as notícias sobre a expansão do movimento e assim por diante. Um após o outro, cada um revelou o resultado conseguido. Dentro das informações sobre as curas das doenças, conversas como as que eu pudera ouvir na sala de espera cobriam a maior parte.

Para mim, que assistia pela primeira vez a esse tipo de reunião, interessou muito. De certa forma foi divertido, mas não pude sentir nem por um momento um clima elevado, de respeito.

Em seguida, houve uma palestra do Sr. Okada e uma sessão de perguntas e respostas com os discípulos. Mas não havia conteúdo religioso suficiente para enriquecer minha alma. Esse homem, como se podia deduzir pelos seus escritos, não era um homem de estudos ou de talentos oratórios, era um homem que realizava tudo intuitivamente, no meu entender.

Entretanto, o tema era uma rede de raciocínios verdadeiramente grandiosa e, levado pela crença em um ideal imenso como o Universo, a sua preleção ardorosa tocou o meu coração profundamente. Isto se deve ao abatimento moral em que se encontrava o ego de cada cidadão logo após o período que se seguiu à derrota da guerra, e para mim, que sentia uma forte revolta no coração contra aqueles que depreciavam o seu próprio país, esse meu ardor deve ter estimulado ainda mais a minha simpatia.

Mais que um religioso, o Sr. Okada era uma pessoa que somava as personalidades de político, homem de negócios, planificador, e apenas este seu modo de agir, que era inspirado, fazia com que as pessoas o confundissem com um homem religioso, foi o que deduzi da única entrevista que tive com ele.

Concluindo, o fruto desta visita foi entrar em contato com um grande empreendedor que, sem hesitação, colocava em prática as suas idéias com a convicção de um salvador da humanidade, mesmo neste Japão derrotado. Sem temer os ingleses e americanos vitoriosos, sem colocar a Rússia em questão, existia um homem de grande fé. Tornei-me consciente disso e me tornei capaz de abraçar novas esperanças em relação a todo o povo japonês.

Entretanto, o Messias que eu estava procurando apagou-se como um sonho, O verdadeiro objetivo da visita não foi alcançado, mas o seu método curativo podia curar realmente as doenças, como me certifiquei nas conversas ouvidas. Tive a certeza de que eu também poderia curar doentes, e isso, somado à minha própria experiência, solidificou esta crença.

Nesta organização todos possuíam uma espécie de amuleto com caracteres japoneses onde se lia "Koumio" (Luz que purifica), o qual conservavam sempre junto ao corpo. Através desse amuleto é que a luz divina curava as doenças, segundo se pensava.

Depois da entrevista, a minha vontade de respeitar este homem como um santo, como ocorria antes, tinha se esvaecido, por isso, a fé neste amuleto tinha sido abalada, mas a sensação de que com a minha própria força eu seria capaz de curar os doentes tinha, ao contrário, sido fortalecida. O processo secreto para curar as doenças não estava num amor egoísta, estava num amor puro e desinteressado, disso eu estava certo. Dessa forma, o meu ego foi empurrado ainda mais a um estado de firme recusa de agradecimentos na forma material. Quando o dinheiro era posto na minha frente como agradecimento, com as faces vermelhas de vergonha, eu tinha vontade de fugir correndo. Mesmo procedendo desta forma, o dinheiro para as despesas de condução era levado até minha mãe, ou então, a Sra. Koda o entregava à minha mãe.

Apesar de ficar cada dia mais pobre, o meu coração estava sempre límpido e radiante. Observava sempre o céu, como se o absorvesse, dizendo:

_ Deus... Meu Deus... – como se fosse uma ladainha, chamava continuamente por Ele no meu coração – Por favor use a minha vida para realizar o Seu objetivo. Por favor, mostre-me claramente a missão divina que vim cumprir o mais depressa possível – e continuava a rezar.

Eu gostava demasiado do céu. Apreciava o céu azul, sem dúvida, mas também os dias nublados e os dias chuvosos. Olhar para o alto e contemplar o céu era a minha suprema alegria. Eu pensava, desde os tempos de criança, que tinha residido no céu. Numa poesia que intitulara "Kogarashi" (vento que sopra no início do inverno), feita muito tempo atrás, eu dizia: "... eu era uma criança do Céu", ou então "... após cumprir mais uma missão, eu descansarei profundamente dentro daquela Lua..." Numa poesia chamada 'Chuva' também "eu viera para espalhar a misericórdia divina sobre a Terra...", estas palavras apareciam e comprovavam que eu já pensava no Céu e na Terra, eu vivia com o meu coração sempre interessado pelas coisas do céu.

Em um lugar como Asakusa, onde pequenas casas se enfileiravam em um espaço minúsculo; muitas lojas, as ruas sempre cheias de gente; mesmo sendo um lugar tão confuso, uma vez que o coração se tornava prisioneiro do universo celeste, esquecia-me de tudo, apenas deixava-me dissolver na beleza do céu. Não havia uma razão lógica para isso, apenas gostava do céu.

Em Katsushika, um bairro de Tóquio próximo a província de Chiba, havia uma família de agricultores de nome S, cujo segundo filho, um jovem de vinte anos, tivera uma complicação do peritoneum. Seu estado era tal que o pus saía pelo seu umbigo, e os médicos já tinham abandonado o seu caso. A família, desesperada, tendo ouvido de alguém sobre o meu trabalho, veio a mim solicitando que examinasse o jovem. Como tinha acontecido até então, que todos os doentes que tinha tratado tivessem miraculosamente curados, sem me alarmar muito com a descrição do estado da doença, concordei, sem hesitar, com o pedido e fui visitar a casa do doente.

Após deixar a minha casa em Kameari, até chegar à casa do doente, nenhum pensamento sobre ele ou sobre o seu estado me passou pela mente, apenas pensava em Deus e, pensando Nele, caminhava. Com o peito ereto, olhava o céu azul do verão. Nas margens do rio Nakagawa, as folhas tenras das cerejeiras resplandeciam belas sob os raios do sol, as ondas da superfície do rio pareciam resplandecer. O movimento leve das vegetações, o brilho da água, toda a natureza me parecia maravilhosa.

"Por que será que a natureza é assim tão bela ?" Quando deixava-me absorver por esta beleza, pensava "enquanto o sofrimento não for eliminado deste mundo, enquanto a pobreza existir, eu não posso me dar ao luxo do meu coração absorver-se na beleza", de algum lugar do meu coração este lamento nascia, como se tudo fosse da minha responsabilidade. Respondendo a essa voz, murmurei:

_ Meu Deus, por favor utilize a minha vida para realizar o Seu serviço – continuando a repetir essa oração costumeira, comecei a caminhar. Assim, alcancei o ancoradouro da barca que me levaria à outra margem, e no momento em que ia começar a descer a barranca:

_ A sua vida já está nas mãos de Deus. Você está preparado? – uma voz como um raio percorreu o espaço.

Essa voz eu não ouvira dentro da minha mente, ou era uma voz que me falava no coração, ou viera do céu, um ressoar que tinha um significado. Tratava-se realmente de uma voz, as palavras eram reais. Mas diferia da voz que eu passaria a ouvir alguns dias mais tarde, todas as manhãs e todas as noites, uma voz que ressoava como humana. Tampouco eram palavras de um espírito.

Respondi, sem um minuto de hesitação:

_ Sim!

Dentro do meu coração, a partir deste instante, todo o meu ser se tornou propriedade divina, o indivíduo Masahisa Goi, o ego Masahisa Goi foi apagado e desapareceu. Mas tudo começou a se manifestar apenas depois de passados muitos dias.

Eu permaneci na barranca inclinada do rio por algum tempo de olhos fechados, sem pensar nada, de pé. Passado um tempo, abri os olhos como se estivesse despertando de um sonho.

O sol brilhava em raios branquicentos.

O pipilar alegre dos pássaros chegava aos meus ouvidos claramente. Com ambas as mãos, esfregava o meu corpo que tinha se tornado rígido por um momento devido à tensão e me dirigi à balsa de travessia.

"A minha vida já pertence agora ao Céu. Este meu corpo físico atravessou o Céu e a Terra e está aqui." O meu coração estava transparente, e nenhuma dúvida apareceu em minha mente em relação a essa voz celestial.

Chegando à casa do doente, os familiares me receberam como se estivessem todos à minha espera. Ao me sentar à cabeceira do doente, sua mãe com o semblante entristecido me deu uma explicação sobre as condições do paciente. O doente virou o rosto pálido e emagrecido para o nosso lado, mas logo fechou os olhos.

_ Veja, esse é o seu estado... – e a mãe, tomando da pinça, com cuidado tirou o algodão que cobria o umbigo. A cada vez que o paciente respirava, escorria um pus esverdeado, as vezes grosso, as vezes menos espesso. Pelo que se podia observar, o médico não tinha como tratar disso.

Sem perda de tempo comecei o tratamento curativo, mas o doente, sem dizer uma palavra, permaneceu de olhos fechados. "Para que tudo isso, se nada disso me curará ?", seu rosto parecia dizer. Era o rosto de quem já se tinha resignado.

Quando aproximei a palma da minha mão, o pus jorrou como uma fonte do umbigo. "As substâncias tóxicas estão sendo eliminadas, quando desaparecerem completamente, a doença sarará", eu acreditava no conceito de M. Okada.

Várias vezes limpei o pus e continuei o tratamento. Quando terminei, trouxeram-me água para lavar as mãos, mas:

_ Não há necessidade, pois a doença não se transmitirá – e não me importei em lavar as mãos. As minhas mãos tinham se impregnado do pus que encharcara o algodão das bandagens, mas o meu rosto permaneceu tranquilo. Como costumava fazer, poderia ter lavado as mão, mas a atitude dos familiares que demonstravam repugnância estava dando nos meus nervos, e agi assim propositadamente.

Certamente, essa atitude deveria ser decorrente da precaução aconselhada pelo médico, mas nessa época eu pensava que, quando se deseja fervorosamente curar alguém, o medo de ser contagiado não deveria surgir.

Estávamos justamente na hora do almoço, e fui servido com "onigiri"*10 de arroz branco e picles. Muito contente, peguei com essas mãos impregnadas de pus o "oniguiri", o picles e comi. As pessoas da casa observavam esta minha atitude espantados.

A tuberculose é uma doença terrível, só de estar diante do paciente corre-se o perigo do contágio, ainda mais se as mãos se sujarem de pus, a não ser que se processasse uma meticulosa assepsia, seria terrível - isso era como esta mãe tinha sido alertada pelo médico, segundo o que ela me contou mais tarde.

A atitude das pessoas da casa era, na verdade, a imagem personificada do terror desta doença. Pode-se dizer que essa atitude era mais que justificável, mas a influência psicológica sobre o coração do paciente não era muito boa. Neste momento:

_ Mestre... Mestre, muito obrigado, muito obrigado...

O jovem doente, que permanecera calado de olhos fechados, falou profundamente emocionado, com uma voz mista de choro. Depois chorou copiosamente.

Como um paciente portador de uma doença contaminosa, ele tinha sido tratado, tanto pelo médico como pelas pessoas da casa, através de uma cortina. Mas hoje, inesperadamente, a minha atitude em relação a ele, como se tratasse de um enfermo qualquer, tinha feito com que ele sentisse uma profunda alegria.

Coloquei minhas mãos em sua coberta e disse:

_ Isso que se chama de doença, quando começa a melhorar, melhora-se de uma vez. A vitalidade é o primeiro problema. Se este veneno que está dentro do seu corpo for completamente eliminado, você voltará a ser tão saudável ou mais que antigamente. Dentro deste seu corpo, você tem uma força curativa que vem de Deus, mas você não sabia desta sua energia. Como eu sabia, fazendo uso dela, estou pensando em estimular essa força curativa que existe dentro de você. Por isso, a partir de agora, nós vamos nos unir para eliminar esta doença.

Enquanto ouvia esta conversa, o jovem maneou a sua cabeça afirmativamente várias vezes e, então, sorrindo alegre, disse:

_ Mestre, eu me esforçarei. Por favor ajude-me.

Sua mãe falou:

_ Nesses últimos tempos, é a primeira vez que esse menino sorri... – suas feições se descontraíram numa expressão de alegria.

A partir desse dia, quase diariamente, visitei esta casa. A saúde do doente aos poucos foi retornando. O pus também parecia ter terminado. Quando se sentia bem, deixava o leito e era capaz de entreter-se com a leitura por metade do dia.

Nesta vida de visitas às casas dos doente, as condições econômicas da minha casa se afundaram completamente. Sem outra saída, meu irmão mais novo que retornara da guerra e estava se recuperando fisicamente, a conselho de conhecidos, começou a trabalhar como ajudante em uma tenda de comércio ao ar livre. Este rendimento, embora pouco, sustentava a nossa casa.

Apesar de sentir-me imperdoável ante meu irmão mais novo, avancei meus passos em direção à realização do meu desígnio divino. Meu irmão entendeu muito bem esta minha missão:

_ Quanto ao dinheiro, eu darei um jeito, por isso não se preocupe e realize logo um trabalho elevado – ele se preocupava em fazer com que o dinheiro não se tornasse um obstáculo para mim.

Nesta época, ao lado deste trabalho relacionado ao tratamento, eu comprava todos os meses a revista mensal da Seicho no Ie, da autoria do Prof. Taniguchi, visitava diferentes médiuns, tentava certificar-me da existência da alma e procurava por livros que focalizassem o problema do espírito; eu estava seriamente investigando a verdadeira realidade do ser humano. Transcorrido um tempo, os seguidores da Seicho no Ie da vizinhança começaram a me procurar.

Eu estava impressionado com o livro "Seimei no Jisso", e as revistas tinham despertado um grande e variado interesse em mim, por isso comecei a pensar seriamente em tentar um encontro com este líder religioso. Este homem sim talvez fosse o Cristo que retornara, o Messias.

Além disso, este homem, por casualidade ou por necessidade, tinha nascido no mesmo mês e dia que eu, com uma diferença de doze horas, ele no início do amanhecer e eu ao findar do dia. Senti que algo profundo nos ligava.

Certo dia, convidei meus irmão, e fomos visitar o órgão central da Seicho no Ie, que se localizava em frente ao santuário xintoísta de Nogi, no distrito de Akasaka, em Tóquio.

Subindo o salão de conferências do segundo andar, chegamos justamente na ocasião em que o Prof. Taniguchi ia iniciar sua palestra. Em um assento colocado sobre um estrado, ele se sentou e sorrindo disse:

_ Bem, sobre quê assunto trataremos hoje?

Seus olhos pareciam percorrer o auditório cheio de fiéis. Este mestre tinha escrito aquela obra maravilhosa. Eu, que tinha gravado no coração a imagem dos diversos homens santos da antiguidade, observava este homem e, de repente, senti solidão em meu coração, não sei por que razão. O meu conceito de santidade tinha criado uma beleza formal perfeita, e sem que me desse conta, eu tinha determinado uma imagem dentro do meu coração. Pelo visto, eu não pudera captar do Prof. Taniguchi esta beleza, pois me vinha essa tristeza tão egoísta. Mas esse sentimento, passado um tempo, desapareceu sem deixar vestígios. Isso porque o conteúdo da palestra do Prof. Taniguchi era tão estupendo que, somado ao dom da sua oratória, a minha alma tinha sido firmemente aprisionada.

A sua fronte larga, que atestava a sua sagacidade; seus olhos penetrantes; sua rica verbalidade, que vinha de um pensamento firmemente estruturado; tudo demonstrava uma atitude intelectual completamente oposta à de M. Okada. Massaharu Taniguchi tinha a atmosfera de um filósofo.

No livro "Seimei no Jisso" ou nas revistas da Seicho no Ie, no período da guerra, eram abundantes frases como: "vitória certa do Japão", "os Estados Unidos e a Inglaterra certamente serão derrotados", etc, mas para mim, esses enganos não constituíam problema. Apenas o que circulava nas raízes do livro, o homem filho de Deus, o ser original perfeito e harmônico, a concepção de que na natureza original do homem não existe o mal, nem o sofrimento, nem as doenças, esta afirmação resoluta que vinha deste seu pensamento me tocou profundamente.

Dentro da palestra do professor neste dia, meu coração foi fortemente impressionado pela conversa sobre o fundamento da perfeita harmonia original do ser humano, ao invés da conversa sobre as bençãos divinas.

No livro, havia uma estrutura filosófica vertical e outra horizontal. Na estrutura vertical, o que me fez entusiasmar foi saber que a realidade do homem é de uma harmonia perfeita, a velhice, a doença, a pobreza e o sofrimento não existem. Em consequência, o sofrimento da doença ou da pobreza não podem existir. Este coração, que pensa que existe, se encontra confuso. Não existe o corpo carnal, não existe a matéria.

O que, aos nossos olhos, parece existir são sombras que acompanham este coração que pensa que existe, mas a única existência real é Deus.

A estrutura horizontal constava dos três universos de que trata o budismo e seus conceitos sobre o espiritualismo, a explicação sobre a reação dos pensamentos era extraída da ciência mental, enfim: o coração era o criador de todas as coisas, e obedecendo aos pensamentos que o homem concebe, todas as coisas eram criadas, Se o ser humano está sofrendo, isso acontece porque os seus pensamentos eram maus, demonstra que ele estava errado.

Pensar no mal faz com que o mal apareça, pensar no bem fará com que o bem apareça. Se você está padecendo de alguma doença no momento, isto é porque dentro do seu coração, nas suas ações, existe um motivo que causou esta doença. Tudo que ocorre é da sua própria responsabilidade, são sombras do seu coração. Isto é o que diz esse pensamento. Dessa maneira, utilizando-se desses dois métodos de explicar, levantava testemunhos variados e ia se desenvolvendo esta doutrina.

Do budismo, do Cristianismo, da Ciência Mental, do "Tenrikyo"*[11], do "Kurozumikyo"*[12], das pesquisas sobre espíritos, etc, de todas as religiões enfim, era uma doutrina religiosa que reunia todas as demais religiões em um só escrito, deixando de lado apenas os exemplos comprovantes da fé.

Até a época em que me tornei uma pessoa com poderes extra-sensoriais, pensava que um ensinamento superior a este não mais apareceria, pessoa alguma seria capaz de decompor esta idéia religiosa. E mesmo que alguém fizesse críticas a esse pensamento, com certeza esta pessoa é que estava errada. Eu estava firme na idéia de que este era o processo certo para alcançar a Verdade.

Há ocasiões em que, teorias demasiadamente severas tornavam difícil a sua prática. A severidade demasiada, por si só, pode acontecer de tornar-se uma falha fatal.

A estrutura vertical e horizontal da verdade contida naquele livro, quando entendida adequadamente por cada um dos fiéis, poderia proporcionar muitos efeitos benéficos, mas se fosse absorvida de maneira inadequada, uma desagregação nunca imaginada pelo autor, um ferimento grave poderia ser provocado no coração do fiel.

Tudo isso vim a conhecer aos poucos, depois que me tornei instrutor da Seicho no Ie, e quando me tornei um clarividente, pude constatar com clareza. Mas isso aconteceu muito tempo depois.

Neste dia, emocionado até às lágrimas, depois de terminada a cerimônia do "Shinsokan", que consta de uma prece, voltamos para casa. Mas tanto meu irmão mais velho, como o mais novo, estavam um tanto críticos e não mostravam o entusiasmo que me tomava. Isto provocou uma certa insegurança.

Deste dia em diante, começou para mim o Movimento da Seicho no Ie. Não deixava de ouvir as palestras do Prof. Taniguchi, ia todos os dias à organização central e ouvia as palestras dos vários instrutores. Cada instrutor, no seu conceito, era uma pessoa elevada.

Ao lado desta atividade, conversava com os leitores da dita revista que moravam nas vizinhanças, e corria de um lado e outro para criar uma sub-divisão. Assim, criamos uma associação subordinada, onde um filiado veterano era o presidente, e eu era o vice-presidente. Entregando-me inteiramente à propagação deste Movimento, e levado por um espírito ardente, parti para a conversão dos membros da associação. Tornar-me o mais próximo e humilde servidor de Massaharu Taniguchi, aquele que cuida dos seus sapatos, este era o meu desejo naquela época.

O Prof. Taniguchi era uma pessoa semelhante a Buda ou a Cristo. O pensamento da Seicho no Ie que reorganizaria e faria o Japão reviver, este era o único ensinamento capaz de salvar toda a humanidade, era no que eu acreditava firmemente.

Como M. Okada, o professor era uma pessoa considerada como nobre na opinião popular, e sempre que minhas condições financeiras permitiam, ia aos locais onde ele se apresentava. Mas apesar de suas nobrezas, não encontrei ninguém capaz de satisfazer completamente a minha fome de saber.

Eu não me apercebera de que o encontro com o Prof. Taniguchi tinha sido o encontro com o autor daquele livro e não com o homem Massaharu Taniguchi. Ele era a própria obra. Durante todo o período em que permaneci como fiel da Seicho no Ie, da pessoa dele, isolada deste livro, só pude conhecer uma migalha, não me encontrara nunca com ele, foi o que percebi muito mais tarde.

O Prof. Taniguchi, visto através dos pensamentos registrados na obra "Seimei no Jisso", era fabuloso, este pensamento era algo muito elevado. No entanto, entre a idéia que estava enunciada neste livro e a conduta desta personalidade havia uma grande distância; o mesmo acontecia quanto ao ensinamento que dizia que "quando em contato com os ensinamentos da Seicho no Ie, a verdadeira vida apareceria claramente sem nenhum esforço". Mas ficou comprovado para mim, mais tarde, que era bem diferente a realidade do fiel em busca do caminho da salvação.

Assim, afastei-me naturalmente desta doutrina e como acontece ainda hoje, uma após a outra, apareceram falhas que atrapalharam o caminho do conhecimento, falhas essas como loquacidade demasiada, loquacidade desnecessária e enganadora, e junto com a correção dessas falhas, parti para a função de propagar a existência de uma nova religião. E assim, pareceu-me ter se iniciado a sequência dos acontecimentos estabelecidos por Deus.

Nasceramos no mesmo dia, do mesmo mês, o Prof. Taniguchi no alvorecer e eu ao anoitecer. Esses fatos determinados não serão a narração da verdadeira intenção oculta das coisas de Deus?

OS DESÍGNIOS DIVINOS

Neste mundo presente, a força que possui a matéria pode ser considerada quase como absoluta, tão poderosa ela é. Por mais elevado que se seja espiritualmente, sem a ajuda da matéria, nosso dia a dia neste mundo não seria possível de ser vivido. Para continuarmos esta nossa existência carnal, para conseguir essas coisas materiais, muito ou pouco, não podemos evitar de movimentarmo-nos fisicamente ou psicologicamente.

As pessoas que se encontram num meio ambiente onde os meios para a sua sobrevivência provêm apenas da sua dedicação a um trabalho privado são figuras raras, e grande parte dessas pessoas no passado sofreram a experiência de trabalhar para conseguir bens materiais.

A minha vida era dedicada inteiramente à procura da verdade, e a minha atividade espiritual também. Se eu continuasse nessa recusa de receber rendimentos financeiros, estava claro que se fechava para mim o caminho da vida material.

O meu trabalho é curar as doenças das pessoas. Se eu não me recusasse a receber, seria possível obter rendimentos deste serviço. Entretanto, eu continuava a não concordar com essa fonte de renda. Eu sentia que este era um trabalho sagrado, e aceitar dinheiro por ele não era certo.

Dessa forma, então, de onde conseguir rendimentos para a sobrevivência? Eu não tinha nenhuma outra fonte de renda além do meu trabalho de curar doenças. Mas apesar de não ter, não sentia vontade de procurar e, na verdade, não procurara. A sobrevivência de minha mãe, e a minha própria, se devia ao rendimento provido pelo meu irmão mais novo.

Entretanto, mesmo essa fonte de rendimento não provinha de um trabalho feito com prazer. A amargura de minha mãe, por estarmos sendo sustentados por esse tipo de trabalho, somava-se a dúvida quanto a estar certo ou errado eu continuar nesse trabalho gratuito levado pela convicção de que cumpria uma missão divina, satisfazendo apenas o meu ego.

Mas todos esses problemas, certo dia, foram encaminhados à solução, devido a uma palavra severa de minha mãe.

Certa manhã de agosto, quando estava prestes a sair para proceder ao tratamento costumeiro, minha mãe me chamou e disse:

_ Masahisa, até quando você pretende continuar a proceder dessa forma? – ela começou com essas palavras – O que você está fazendo é algo que beneficia o próximo, é uma boa ação. Compreendo também este seu procedimento correto costumeiro. Mas justamente você, que está auxiliando o próximo, necessita que seu irmão mais jovem trabalhe para o seu sustento: isto é algo que acho muito estranho. Se continuar nesta vida, você nunca deixará de depender dos favores do seu irmão mais novo, você nunca conseguirá algo como tornar-se independente. Se você quer se dedicar à ajuda do próximo, antes de mais nada precisa ajudar a si próprio, senão não faz sentido. Você, que auxilia o próximo, precisa do auxílio de alguém. Não acha isso estranho? Na minha opinião, é muito estranho. Por isso, se você quer continuar neste caminho, deve receber uma gratificação adequada, caso contrário não poderá continuar por muito tempo. ou então empregar-se em algum lugar e ajudar o próximo nas horas vagas. Se não escolher um desses dois caminhos, não está correto. Até agora limitei-me apenas a observar, mas é necessário agora decidir francamente.

Isto foi tudo. Ficou decidido que, se até o dia cinco de setembro tudo não se decidisse, eu deixaria esta casa. Na opinião de minha mãe, continuar dessa maneira era ruim para o meu irmão e para mim também. De fato ela estava certa.

Deste dia em diante comecei a procurar um trabalho. Não concordava de nenhuma forma em receber o dinheiro que vinha da cura de doenças. Decidi desempenhar este meu trabalho divino nas horas livres.

Dizer que me decidira não significava que o meu coração se tornara especialmente tenso ou ocorrera alguma mudança. Apenas concentrei o meu coração um pouco na direção da procura de um emprego, basicamente porém, nada havia mudado no meu modo de agir.

Depois daquele acontecimento em que ouvira a voz celestial, eu havia me entregado completamente nas mãos de Deus, esse sentimento tornava tranquilo o meu coração, pois Deus se encarregava de utilizar a minha pessoa. Este sentimento era realmente tranquilo e confiante.

Comecei a consultar os anúncios dos jornais e a indagar nos locais citados, visitava os diversos conhecidos, etc.

Eu não era uma vítima da guerra, mas não tinha um traje adequado, nem uma camisa nova. Tudo isso tinha desaparecido no passado para se transformar em provisões. De camisa lavada, com singelos remendos, a calça com um grande remendo nos fundilhos, calçando um velho sapato que parecia prestes a abrir a boca, nas mãos a vasilha que continha a batata doce para o almoço, com o coração confiante e tranquilo, iniciei o movimento para a procura de um emprego.

Um ano se passara desde o fim da guerra. As pessoas espertas e aquelas com talentos comerciais já tinham se assentado no novo serviço ou em um novo empreendimento, as pessoas prudentes e honestas continuavam seu trabalho na mesma firma; depois de atravessar a fase crítica, tinha chegado a fase em que se percebia um certo equilíbrio.

As empresas antigas não precisavam de novos funcionários, as empresas novas e os empreendimentos procuravam técnicos ou pessoas experientes em vendas e promoções, mas pessoas como eu, orientadores de assuntos culturais, não eram muito solicitadas.

_ Faço qualquer serviço – dizia, mas o empregador recusava-me sem demais explicações. Mesmo sendo recusado, todos os dias eu retornava aos mesmos lugares. "Afinal de contas, onde será que Deus está planejando me fazer trabalhar?"

Com o coração pleno, embora fosse recusado seguidamente, não sentia que era uma recusa dita por outro ser humano, por isso, tranquilamente, andava de um lado para o outro em busca do local onde Deus decidira que eu devia trabalhar.

Voltando para casa, continuava as visitas aos doentes e o movimento de conversão de fiéis da Seicho no Ie. Nesse meio tempo, chegou setembro e a manhã do dia cinco - o dia em que eu me comprometera a deixar a casa.

Minha mãe não disse nada, mas como era justificável eu me sentia um tanto nervoso. Isto porque o que eu prometera fazer era uma promessa divina, como eu pensava, sem uma razão lógica.

"Com toda a certeza, tudo se decidirá hoje", em algum lugar do meu coração, parecia ouvir uma voz dizendo.

"Então, para onde irei hoje?" Como faço todas as manhãs, sentei-me em silêncio juntando as palmas da mão. Depois de passado cerca de uma hora, o caracter de "Shiba"*[13] apareceu em minha mente. "Shiba... quem será?" O nome de meu amigo M flutuou em minha mente.

_ Mãe, hoje é o dia da promessa, não é mesmo? – falei sorridente e comecei os preparativos para sair.

Minha mãe observou o meu rosto sem dizer uma palavra. Para ela, era um tanto estranho olhar este filho que saía todas as manhãs e voltava dizendo:

_ Hoje não consegui nada... Hoje também não consegui nada...

Mas permanecia sempre sorridente e não mostrava aborrecimento algum no rosto. E este filho, esta manhã, parecia especialmente bem disposto e confiante. Neste dia, em que ela própria estava pensando em deixar esta promessa de lado, ele é que levantava o assunto deixando-a sem saber como reagir, por isso não tivera outra saída senão calar-se.

Quanto a mim, seguindo a inspiração da minha mente durante a oração, dirigi-me ao Edifício K, em Shiba, onde ficava a firma em que meu amigo M trabalhava. Desci do trem em Hamamatsucho, segui em linha reta na direção do templo budista Zojoji e, após passar por baixo do "tori"* [14] de Daimon, pintado de vermelho brilhante, dobrando-se à direita estava o edifício que eu procurava.

Caminhando em calmas e largas passadas, observando o céu como era o meu costume, pareceu-me que de dentro do céu azul, de repente, surgira o grande portal vermelho. O contraste entre o céu e as colunas em vermelho vivo, para os meus olhos que viviam imaginando o Paraíso e Deus, era o próprio Templo do Dragão. Tive a impressão de que podia ver, ao fundo, o templo se estendendo. E realmente, atravessando-se o Daimon, à frente se tinha o portal do templo de Zojoji, que parecia erguer-se sobranceiro como o Templo do Dragão.

Deste mês em diante, durante quase dois anos e meio, todos os dias atravessaria este portal para ir ao trabalho.

No terceiro andar, visitei o Senhor M, que me recebeu com satisfação. Mas, entre M que era poeta e eu, a conversa transcorreu sobre poesia e literatura, sem tocar no assunto sobre a procura de emprego:

_ Bem, espero que apareça lá em casa – despedi-me com estas palavras, e nos separamos.

Descendo as escadas do edifício, num sorriso amargo para mim mesmo, pensei "E agora? Afinal, o que será que Deus pretende fazer? A inspiração desta manhã, que sentido terá se não é este o lugar? Finalmente parece que terei de abandonar o lar... mas seja o que Deus quiser."

Terminei de descer as escadas e dei um passo para fora, mas não sabia em que direção caminhar. Durante algum tempo permaneci em pé na estrada, mas não havia jeito, de qualquer modo tinha de tomar o trem. Quando dei os primeiros dois ou três passos:

_ Senhor Goi, há quanto tempo! – um homem mais ou menos da minha estatura deteve-se, observou o meu rosto e me dirigiu estas palavras.

_ Senhor T, há quanto tempo! Que bom revê-lo tão bem!

Esqueci-me completamente, por alguns momentos, do problema do emprego e cumprimentei-o. Na época em que trabalhava na Hitachi, ele era o redator-chefe da revista mensal dirigida aos operários, na qual, quase todos os meses, eu apresentava ensaios e romances, devido a isso, mantivéramos um estreito relacionamento.

_ Onde você trabalha agora?

_ Logo aí! – o lugar que ele indicou era, para minha surpresa, o Edifício K, de onde eu acabara de sair.

_ Mas vamos até a minha sala para conversarmos.

Seguindo T, demos meia volta e retornamos ao Edifício K. Alí, uma nova surpresa: a redação da revista onde ele trabalhava ficava no mesmo andar de onde acabara de sair. Passamos em frente da sala onde M trabalhava, viramos à direita, e aí estava a sala de T.

_ Aonde você veio hoje? - T perguntou logo que se

sentou na cadeira.

_ Vim visitar M, que trabalha do outro lado. Não pensei que fosse me encontrar com você - pouco a pouco, uma excitação foi tomando conta de mim. "Deus pensa em fazer-me trabalhar junto com M, sem dúvida"

De acordo com a conversa de T, este edifício era um local que possuía uma tradição como centro de pesquisas sobre problemas econômicos e assuntos trabalhistas e, desta vez, mudando seu nome para Edifício C, iria iniciar uma nova estrutura de pesquisas sobre problemas trabalhistas e educação do operário. T se encarregava da Secção de Imprensa, ele ocupava o posto de segundo redator-chefe e era responsável pelas publicações de um certo número de revistas mensais.

_ Se você por acaso estiver livre, gostaria de poder contar com a sua ajuda.

E, de acordo com a minha intuição, a conversa se desenvolveu. Não havia recusa da minha parte. Dessa forma eu poderia tranquilizar a minha mãe. Dei um justo suspiro de alívio.

Entretanto, ser aceito nesta firma não foi um processo tão fácil. Esta razão estava no meu falatório religioso que não discriminava o ouvinte.

Entreguei a minha carta de apresentação, e logo o diretor da Secção de Imprensa me chamou e me levou à sala do vice-presidente, Senhor I, que me entrevistou. Essa entrevista terminou sem problemas, e ele levou os meus documentos ao presidente.

_ Goi, você faria o favor de trabalhar a partir de hoje?

T falava como se o contrato de trabalho já tivesse sido concluído. Além disso, eu trabalharia na sua secção, e como se tratava de uma pessoa que ele julgava adequada para o trabalho, os superiores não iriam contrariá-lo - isso era o que ele pensava.

Há algum tempo, logo que a pessoa com a qual eu conversava terminava de falar, eu explanava sobre a Seicho no Ie ou então levava a conversa para o assunto da religião. Conversava sobre o tratamento dos raios espirituais, sobre o universo espiritual, a teoria da não existência de doenças e infelicidades, etc, etc. O modesto Sr. T me ouvia, assentindo com a cabeça:

_ É verdade?... Que interessante... Então tudo ocorre disso?...

Mas quando falei sobre a não existência de doenças e infelicidades, ele demonstrou uma certa resistência:

_ Isso pode existir como uma teoria, mas não consigo pensar nisso como uma realidade, é algo impossível – resistiu. Em resposta, agora mais seriamente, tornei a repetir a mesma teoria. E este modo de falar se torna, naturalmente, um tanto insistente.

Expliquei várias vezes a teoria de que não existe a doença, de que não existe o corpo físico, que tudo isso são imagens do coração, mas no coração de T, nenhuma dessas palavras parecia ter sido absorvida.

_ Goi, vamos deixar essa conversa para outra ocasião e tratar desde já sobre o serviço – ele desviou o assunto – o Sr. I está demorando. Sobre que assunto estará ele conversando com o presidente? – e maneando a cabeça, num ar de dúvida, olhou para mim.

Sem pensar, dei um sorriso e pensei: "É mesmo, eu estou aqui para tratar de um emprego!" e mais uma vez conscientizei-me da minha posição. Nesse meio tempo, o vice-presidente apareceu dizendo:

_ Desculpe tê-lo feito esperar. Senhor Goi, faça o favor de ir até à sala do presidente. Ele deseja entrevistá-lo.

_ Pois não – respondi.

O presidente era um homem um pouco gordo e, com um sorriso no seu rosto redondo, me perguntou:

_ Goi, este é o seu nome, não é mesmo? Por favor, sente-se – numa atitude descontraída, indicou-me uma cadeira. Depois, da forma costumeira, indagou sobre o meu relacionamento com T, sobre os meus trabalhos anteriores, tudo de modo informal. Enquanto eu também respondia de uma maneira informal, relacionado a algum assunto, surgiu a conversa da doença de uma pessoa conhecida do presidente. Como se estivesse esperando por isso:

_ Coisas como doenças não existem – disse. Estas palavras puxaram outras, e comecei a falar sobre o processo de cura pelas palmas das mãos, a não existência do corpo físico, as palavras foram se tornando mais e mais excitadas.

O presidente, murmurando, escutou a minha conversa por um tempo e então disse:

_ Sobre isso, meu jovem, que o corpo humano emite eletricidade, é algo que já foi devidamente comprovado pela física. Espírito divino, ou qualquer outra coisa, não tem nada a ver com isso. Além disso, esta história de que o corpo físico ou a doença não existem é apenas uma concepção. Na realidade, limita-se apenas a confundir as pessoas, mas de qualquer modo muito obrigado. Você parece um tanto frágil, por isso cuide da sua saúde. É só...

Pensando comigo: "Que descuido de minha parte!", cumprimentei-o e voltando a sala de T:

_ Que aconteceu? Você demorou tanto! Não me diga que você, na sala do presidente, dissertou sobre religião! – com o rosto um pouco nublado, ele me observou.

_ Parece que falhei – disse com o rosto contraído.

Neste momento, da sala do presidente veio um telefonema. T subiu as escadas esbaforido. Voltou depois de passado um bom tempo e:

_ Goi, que problema! Como você falou demais sobre um assunto estranho, o presidente reluta em aceitá-lo. Esta firma é o lugar onde se procede à educação e à pesquisa de problemas trabalhistas e econômicos, quase tudo temas materialísticos. Eu devia ter lhe dito uma palavra de advertência... de qualquer maneira, estamos em apuros – ele disse isso como se realmente estivesse em aperto. Ao mesmo tempo em que sentia um sentimento de culpa pelo que fizera a T, senti-me também um tanto envergonhado pela chance que deixara fugir.

_ Entretanto, Goi, o presidente não disse claramente que o seu pensamento estava errado. Disse apenas que você parecia muito frágil e que não conseguiria dar conta do serviço. Por isso, se conseguirmos um atestado de que o seu corpo é saudável, e que a sua resistência é mais do que suficiente, o resto dependerá do meu esforço, e eu penso que conseguiremos que você seja aceito – disse isso desta vez com o rosto mais suave.

_ Irei à Hitachi e farei uma pesquisa, tudo correrá bem, não é? – e pareceu esperar a minha confirmação.

_ Está claro que tudo correrá bem. O meu índice de comportamento ao trabalho estava bem acima da média

– eu disse com toda a confiança.

T, já conhecedor da minha capacidade e familiar desde os tempos da Hitachi, parecia estar pensando em me tornar um dos membros da sua secção de qualquer maneira.

_ Espere que lhe darei uma boa notícia com toda a certeza!

Com estas palavras, deixei o escritório.

O que neste dia causou a pendência do emprego, que devia ter sido já arranjado, foi a conversa demasiada, como ficou claro. Mas naquela época, eu não me apercebera disso e pensava num sentimento resignado: "Se o meu emprego no Edifício K não se realizar, isto também é a vontade de Deus, mas ao voltar para casa, o que dizer à minha mãe?" Esse pensamento me deixava inquieto.

Não tinha sido recusado de vez, por isso não me decidia a cumprir a minha promessa de deixar o lar. "Bem, o que será, será", pensei e abri a porta de casa.

_ É você, Masahisa? Meu filho, chegou um comunicado do exame de emprego de algum lugar...

_ Verdade? – e fui adentrando à casa. Do envelope, tirei um cartão comunicando o exame de admissão da companhia Editora G, solicitando que lá comparecesse no dia seguinte, às dez horas da manhã.

_ E como foi hoje? – minha mãe perguntou, parecendo um tanto penalizada.

Tratando-se desse filho, se por acaso hoje também resultara num dia infrutífero, provavelmente seria capaz de deixar o lar.

Abandonar o lar tendo um emprego certo ainda se aceitava, mas deixar o lar porque não tinha um emprego era algo que fazia cuidar ainda mais pelo futuro deste filho. Tal mês, tal dia, determinar um prazo visava abrir o caminho do rendimento para ele, vinha do amor dos pais que se preocupavam com a segurança do filho, por isso se hoje concentrou suas energias em procurar um emprego, mesmo que isso demorasse mais dez ou vinte dias, não havia necessidade de deixar a casa.

Este parecia ser o sentimento de minha mãe, e este coração se exteriorizou numa expressão de bondade.

Contando a ela o que acontecera hoje:

_ Segundo a vontade de Deus, parece que trabalharei ali, mas quem sabe? Daqui a dois ou três dias ficaremos sabendo, mas amanhã irei ao lugar escrito neste cartão.

Nesta noite também, como sempre, visitei duas ou três casas de fiéis, estimulando e acendendo a crença no coração.

Na Seicho no Ie há um ensinamento oposto ao do: 'o silêncio é ouro, o falar é prata'. Isto é, sem palavras não há prática, as palavras levam à prática. Se você fala, só pelo fato de falar, provoca um efeito correspondente. Perceber a ocasião, o momento e transmitir às pessoas a palavra da verdade, isto é tudo. E a cada vez que se transmite, diz-se que a fé desta pessoa se aprofunda.

Nesta época, a palavra da verdade da Seicho no Ie, as diversas explicações que estavam escritas na obra "Seimei no Jisso", eu as tinha todas na cabeça, sem necessidade de abrir o livro. Dentro da cabeça eu conhecia esta verdade e, explicando isso às pessoas, pensava "Que ensinamento maravilhoso é esse!", e sem me importar demais com o modo de sentir dos ouvintes, eu próprio é que me enlevava nesta emoção. "Porque um ensinamento tão bom e nobre como este não é compreendido?" e quando explicava várias vezes e, ainda assim, estas pessoas não compreendiam, eu passava a encará-las como tolas.

Para mim, todo o universo era belo. A doença, a pobreza, a guerra, tudo isso eram imagens da nossa ilusão, na realidade elas não existiam. Só o fato de estar vivo, só isso era o bastante para sentir uma gratidão sem fronteiras.

"Meu Deus, muito obrigado. Muitíssimo obrigado." Eu vivia agradecendo a Deus, por isso estava sempre bem disposto e alegre. Assim, ao defrontar-me com alguém, não importava quem ele fosse, falava-lhe sobre a Seicho no Ie. Eu estava convencido de que qualquer outro ensinamento externo era incapaz de salvar verdadeiramente o ser humano. E assim, praticava o dito: palavras levam à prática.

No dia seguinte, fui à companhia Editora G, de onde viera o comunicado para fazer o exame: uma redação sobre a democracia e um exame relacionado à literatura nacional. O exame relacionado à literatura nacional fora fácil, a redação não me tomou muito tempo, e escrevi sem atropelos, mas pensando agora, o conteúdo dela era algo que transpirava uma atmosfera religiosa.

Terminei tranquilamente o exame e deixei a editora bem disposto. Entretanto, não houve nenhuma intuição de que eu seria utilizado nesta firma. Viera, obedientemente, apenas porque recebera o aviso. Fizera o exame, e isto era tudo. Desde a manhã deste dia, o meu emprego já estava decidido, em algum lugar do meu coração eu sentia isso, algo diferente de sempre, algo como um sentimento de segurança me cercava.

"Amanhã vou dedicar todo o meu dia à atividade

religiosa", pensei dentro do trem de retorno, enquanto lia o livro.

Neste dia, o telegrama que faria alegrar a minha mãe foi entregue na parte da manhã. Era o comunicado de que eu fora aprovado.

Aprontei-me apressadamente e deixei a minha casa.

T me recebeu muito contente. Meu trabalho seria de três meses de experiência e após, dependendo da eficiência, eu me tornaria um funcionário regular. Sob este contrato, fui aceito nesta organização.

O presidente não estava muito convencido, mas a minha eficiência no trabalho no passado, como demonstrara a pesquisa de T, fez cair a razão da recusa, segundo o que me contou T todo feliz.

A partir deste dia, começou o meu trabalho como membro do Departamento de Publicação do Instituto Educacional dos operários C. O meu trabalho era a edição do Periódico Trabalhista C. Este periódico era amplo, apresentava estatísticas trabalhistas, greves operárias, reuniões do Fundo Financeiro Trabalhista, Ministério do Trabalho, sindicatos de operários de todo o país, informações sobre os trabalhadores dos países estrangeiros, etc, etc. Era uma publicação que examinava toda a espécie de assunto relacionado ao trabalhador e o tornava público.

No Edifício C estava a Comissão Central do trabalhador. Os representantes do lado capitalista, do trabalhista e um terceiro representante reuniam-se frequentemente e mantinham as sessões onde se discutiam as condições para o término das greves. Grupos de operários agitando uma bandeira vermelha cantavam canções operárias, fortalecendo a posição do representante do lado trabalhista.

Esta comissão trabalhista e o nosso trabalho mantinham um estreito relacionamento, e era necessário conhecimento sobre problemas trabalhistas e ciência econômica.

Para mim, que não conhecia nada de economia, de repente passei a ler Marx, Engels. Fui colocado numa posição em que tinha que estudar Marx, Robert Owen, etc. Como sempre trabalhava com assuntos relacionados à cultura de sentimentos, a situação ao meu redor se modificara completamente.

Deus me colocara naquele emprego para estudar sobre o universo materialista, sem sombra de dúvida, foi o que conclui. Muito tempo depois, "Então tudo era um plano de Deus..." comecei a enxergar tudo isso como um desígnio divino e, para torná-lo ainda mais misterioso, mais outro acontecimento começou a se revelar. Algo completamente inesperado, mas que continha o ponto chave da segunda metade da minha vida.

Esta instituição educacional era uma fundação jurídica privada, e a sua estrutura, tendo o Departamento de Pesquisas como corpo principal, dividia-se em cinco departamentos, sendo os demais: Departamento de Publicidade, de Negócios, o de Assuntos Gerais, e o de Relações Públicas (posteriormente foram criadas a Escola e o Departamento de Comunicações.)

Na época em que fui admitido, cerca de quarenta pessoas estavam trabalhando, e com o passar do tempo o número foi aumentando.

No dia anterior ao da minha entrada, do mesmo

bairro em que eu morava, Kameari, uma jovem de nome M entrou para trabalhar no Departamento de Relações Públicas, como certo dia meu amigo T me contou.

_ Verdade? – respondi, sem me interessar muito pelo assunto.

Com os novos estudos e com o Movimento da Seicho no Ie, o meu coração e corpo estavam ocupadíssimos. Não me importava muito saber quem vinha de onde ou que Fulano tinha tal personalidade, mas a qualquer um que se mostrasse amigável, falava-lhe do Movimento e lhe entregava o folheto explicativo. Não importava quem fosse o ouvinte, bastava despertar-lhe o interesse, torná-lo um crente, pois assim o Japão iria trilhar os caminhos da salvação mais depressa. Eu acreditava que cada pessoa a mais, que se tornasse conhecedora da verdade, ajudava a cumprir a minha missão divina.

Meu trabalho na instituição era desempenhado com honestidade, o Movimento era desempenhado fervorosamente.

Passado algum tempo, as moças que trabalhavam na instituição solicitaram-me que me tornasse o instrutor do coral. Concordei satisfeito, pensando comigo calculadamente: "Vou propagar entre essas pessoas o pensamento da Seicho no Ie".

No intervalo de uma hora de almoço, tomávamos emprestado o auditório e, assim, iniciamos os ensaios. Cerca de dez jovens se reuniram e, exceto as jovens T e M, as demais eram iniciantes. Depois que o ensaio terminou, virei-me para estas duas jovens e disse:

_ Vocês têm uma voz e um ritmo bem seguro, devem ter feito parte de coral no período escolar, não é?

A jovem T, com segurança, respondeu:

_ Sim, a minha irmã dedica-se à música. – E conversando sobre vários assuntos, descobri que ela era a irmã mais nova de uma famosa soprano. Enquanto eu conversava com T, a jovem M permaneceu calada com um leve sorriso no rosto, não interveio com nenhuma palavra. Quieta, em algum lugar uma sombra triste. Neste momento pensei:

"Esta é a jovem que vem de Kameari", lembrei-me das palavras de T, se não me engano, ele disse que o nome era M.

_ Senhorita M, você vem de Kameari, não é? – cortei minha conversa repentinamente e perguntei.

_ Sim, venho de lá. Como sabe disso? – e me observou com estranheza.

_ Ouvi do Sr. T. Eu também sou de Kameari.

_ É mesmo? – ela assentiu com a cabeça e logo depois calou-se. Como ela era de poucas palavras, perdi o assunto da conversa e:

_ Bem, então continuamos o ensaio amanhã novamente – falei, me retirando para a minha sala e voltei ao trabalho.

A edição do periódico não era uma tarefa tão complicada, mas o conteúdo estava limitado aos problemas trabalhistas, além disso, ocupava-se principalmente das formas das diferentes greves trabalhistas, e a palavra luta era muito frequente nos textos.

Para mim, que idealizava o grande universo harmônico, que me dedicava inteiramente ao Movimento da Seicho no Ie, este local de trabalho indicado por Deus mostrou-me em âmbito nacional a atmosfera do movimento trabalhista do pós-guerra. Recebi de frente o vento social materialista, e neste lugar, foi me mostrando os limites desta forma de solução.

Tokuda*15, Shiga*15, Itoi Yoshiro*15, etc, o nome desses senhores aparecia todos os meses nas publicações, e às vezes eu me encontrava com o próprio homem.

O espírito de luta espantoso que possuíam as pessoas que se entregavam à realização de um objetivo; a grande massa operária que era dirigida por esses líderes; a união entre as pessoas que lutavam desesperadamente pelos direitos da sua existência e para protegerem-se contra os indivíduos desonestos que aumentavam a classe capitalista. Era preciso comer, era preciso viver e, para isso, era preciso lutar. Este ambiente tremendo, através das páginas deste periódico trabalhista, era transmitido pelos ares da Comissão Operária e se lançava violentamente sobre o meu peito.

Na realidade do homem não há lutas. Não existe pobreza. Não existe sofrimento. Tudo isso são reflexos do pensamento humano.

E assim, entre um intervalo e outro do trabalho, andava explicando aos colegas, mas as pessoas desta instituição educacional de linha materialista não me ouviam. Quando, as vezes, encontrava alguém disposto a me ouvir, formava-se uma disputa ferrenha:

_ Se alguém vier a você chorando, dizendo que não tem arroz para comer amanhã, você se contentará em limitar-se a explicar-lhe que, se ela rezar sempre a Deus, o arroz choverá do céu, por acaso? – atacava o oponente.

_ Isto mesmo. Com toda a certeza o arroz choverá.

Entretanto, virá através das mãos de outro ser humano – respondia com toda a fé e começava a explanação sobre a lei que governa o coração.

Entretanto, o oponente apenas se enfurecia mais e mais, e terminava classificando as minhas palavras como vindas do sonho romântico de um tolo.

Os demais ouvintes, apesar de reconhecerem as minhas virtudes, não demonstravam concordar com a minha explicação.

Na luta com a presidência pela elevação do salário, quando me declarei contrário à greve:

_ Deus permaneça calado no seu canto. Por mais que rezemos, o presidente não elevará os salários, apenas através da luta real conseguiremos ter reconhecidos os nosso direitos.

De antemão, me espezinhavam como um tolo ou se enfureciam. Os demais, que não concordavam com a greve, não se mostravam convencidos com esta minha teoria, que era vista como alheia a realidade.

Dentro deste ambiente externo e interno, eu continuava com os meus sermões sem trégua a esse escasso número de companheiros que não aumentava.

Quatro ou cinco jovens do grupo coral começaram a ler a revista mensal da Seicho no Ie em consideração à minha pessoa, esse foi o único resultado do meu movimento.

Por essa época, acontecia de ir ao trabalho todas as manhãs com a jovem M. Da mesma estação ao mesmo local de trabalho, na mesma hora, por isso era difícil evitar que isso acontecesse.

No início, de frente um ao outro dentro do trem

lotado, conversávamos sobre música e literatura, mas sem perceber, a minha conversa se tornou a mesma ladainha sobre religião.

Esta jovem se formara em inglês numa escola missionária de Hiroshima e, nesta época, trabalhava no Departamento de Relações Públicas. Tradução e interpretação era o seu serviço. Por ser proveniente de uma escola missionária, ela conhecia muito bem a Bíblia. Entretanto, ela dizia não ser cristã.

Para mim, como sempre, a verdadeira imagem do ser humano era a de um filho de Deus perfeito, mas o ser humano se confunde e expressa maus pensamentos, de onde vem o seu sofrimento. Quando falei sobre isso, esta jovem tão dócil, de repente, exprimindo a sua contrariedade, disse:

_ Eu acho isso estranho. Se é um filho perfeito de Deus, por que se confunde e levanta maus pensamentos? Tratando-se de uma coisa perfeita, não acha impossível existir erros?

Vez por outra eu recebia essa mesma pergunta de outras pessoas e, sempre, a minha resposta não era clara:

_ É perfeito, por isso não existem dúvidas. Mas pensemos que essa dúvida existe, e para tentar esclarecê-la é que nos confundimos. Por isso esta dúvida se torna mais e mais profunda, as reflexões se tornam confusas, se afastam mais ainda do coração de Deus e acabam fixando moradia neste universo projetado pela nossa confusão. – Eu dava uma resposta dubia como esta, que parecia compreensível, mas ao mesmo tempo incompreensível. Para a jovem M também dei este tipo de resposta. Então ela disse:

_ Mesmo assim, continuo não compreendendo.

_ Em outras palavras, significa que este universo, este mundo que percebemos através dos nossos cinco sentidos não é uma existência real. O que existe realmente é apenas o universo luminoso e resplandecente de Deus. Por isso, afaste de uma vez o coração deste universo de fenômenos e focalize o universo real, focalize o coração na direção do universo de Deus. Só assim, cada vez mais, você compreenderá o verdadeiro aspecto do seu ego.

_ É verdade? Mas mesmo assim, continuo não entendendo. Para as pessoas deste mundo, cada dia é cheio de atropelos, por isso acabam se entregando ao sofrimento, não é mesmo? Não conseguem nem mesmo imaginar como poderia ser o verdadeiro aspecto do seu ego, não acha? – e o seu rosto se sombreou solitário.

_ Que fracasso! – pensei comigo. Eu pensava em incutir um pouco de alegria e jovialidade nesta jovem, que parecia um tanto frágil e solitária, e tencionara levar a conversa para um assunto mais alegre, mas parecia que provocara a reação oposta.

_ Eu não compreendo porque Deus criou um universo humano tão incompleto. Já que Deus é Amor, por que faz o ser humano sofrer? Daqui para a frente, não se sabe o quanto mais de sofrimento virá... Por que desde o início não fez o homem capaz de fazer só coisas boas? Um ser humano harmonioso... Por que não criou um homem que não criasse a infelicidade?

Eu me atropelei e não pude dizer nada. Os passageiros do trem lotado, todos visavam conquistar o dia a dia, conseguir as provisões deste dia, com esse objetivo iam todos os dias ao trabalho. Provavelmente havia alguém que sustentavam com o seu salário, uma família grande. Devia haver alguém que, além de cuidar de doentes na família ou de pessoas idosas, continuava a trabalhar. Para estas pessoas, as teorias não tinham nenhum valor. O ser perfeito e completo não tinha importância alguma. Conseguir um salário seguro era a coisa mais urgente e imediata.

Dentro da minha cabeça, os diferentes aspectos dos vários conflitos trabalhistas e as massas com a bandeira vermelha nas mãos me fizeram pensar.

Depois disso, permanecemos ambos calados e chegamos ao Edifício C.

Mesmo que todas as pessoas à minha volta fossem contrárias, não pensei que o caminho que eu escolhera estivesse errado. Além disso, não importava o que dissesse M, o raciocínio dela é que estava errado, e o meu é que estava correto. Entretanto, algo foi se modificando cada vez mais, comecei a pensar que, para que a idéia da Seicho no Ie fosse compreensível a todos era necessário algo como uma força especial, ou um método funcional.

A cada manhã, minha conversa com M continuava, isto é, eu era a pessoa que falava, repetia sem cessar a mesma conversa. A jovem, com o passar do tempo, deixou de demonstrar oposição quanto a isso. Mas isso não significava que deixara de opor-se porque concordava com a minha opinião, mas sim porque, mesmo se opondo, não haveria nada que fizesse mudar meus pensamentos, portanto era apenas uma desistência à minha teimosia.

Este coração, eu o entendia muito bem, mas para mim não importava o ouvinte, eu conversava visando alcançar a sua subconsciência. O desejo de tornar essa pessoa conhecedora do verdadeiro universo é que me tornava mais loquaz.

Dentro do meu coração só havia a Seicho no Ie. A propagação destas idéias a todas as pessoas, só isso era a minha missão divina, todas as demais coisas eu considerava de menos importância. A este trabalho, que considerava de minha responsabilidade, eu me dedicava e me esforçava para editar um periódico que fosse o mais cuidadoso possível, mas com todo o conteúdo estipulado, era impossível. Apenas esforcei-me honestamente para que este não se atrasasse e fosse publicado na data prevista.

Passado algum tempo, do lado da União Trabalhista, veio o pedido de que eu ensaiasse as canções operárias a serem cantadas no Dia do Trabalho. A Canção da Bandeira Vermelha, a Canção Revolucionária e outras duas composições, canções operárias recentes, muito alegres. Senti-me conflitado.

Acreditava que o poder da palavra era considerado de extrema importância, e o Prof. Taniguchi:

_ É porque se cantou canções que pareciam almejar a morte que o Japão foi derrotado na guerra. – Era o que ele dizia, salientando a importância da palavra. Por isso, o fato de ensinar a Canção da Bandeira Vermelha e a Canção Revolucionária para mim era algo de grande importância. Mas pensei que isso era algo inevitável. Mesmo que eu não ensinasse, era certo que todos cantariam, por isso decidi ensinar essas canções, com o sentimento de purificá-las.

No dia do trabalho, fui colocado à frente do cortejo, em direção à praça em frente ao palácio imperial, com a função de dirigir o coral enquanto caminhava.

As bandeiras vermelhas agitadas, a entoação poderosa da Canção Revolucionária, sob o comando do agitador revolucionário, a massa, prestes a explodir, avançava visando a praça.

Sem conhecer a verdadeira forma do ser humano, esta massa, cujo significado do trabalho consistia na busca de coisas materiais, assemelhava-se ao carvão ou a lenha. Dependendo de como usar o fogo, poderia ser indispensável à casa, útil ao país. Mas se o modo de acender o fogo fosse mal feito, poderia queimar a casa, incendiar o país e destruir toda a humanidade.

Esta massa popular, se lhe fosse dado conhecer a verdadeira forma do ser humano, não deixaria aproximar-se um tolo capaz de acender o fogo, pelo contrário, a pessoa que acendesse o fogo seria influenciada também. Este sim era o dia pelo qual eu esperava. Apenas não bastava esperar. Nós tínhamos que trabalhar para que isso se realizasse o mais depressa possível.

Dentro desta passeata, eu sentia o poder da massa quase com temor. Era necessário que o povo se movimentasse. Se não fosse um ensinamento capaz de movimentar a massa popular, não tinha sentido. Um ensinamento que elevasse ao mesmo tempo o modo de vida e o coração do povo, se não se alcançasse esse objetivo, não tinha sentido. Se continuasse a explicar o ensinamento da Seicho no Ie... quantos me seguiriam?

Pela primeira vez esta dúvida passou pela minha cabeça. Mas logo a apaguei e: "O Deus todo poderoso, através do Prof. Taniguchi, converterá toda essa massa popular usando um processo maravilhoso nunca imaginado", pensei tentando compensar.

Neste dia escrevi esta poesia:

"Nesta passeata popular que se prolonga sem fim,
junto deste coral que entoa a canção da revolução,
dentro de mim um anjo clama:
    'Quem é este que está tentando
    desvalorizar novamente o Homem,
    tomando o lugar das bombas e armas,
    quem é este que está se apossando
    da alma do povo?'
Coloca o firmamento num subterrâneo,
diz que volverá a Luz em sombras,
sem reconhecer o absurdo disso tudo.
    Nesta passeata que encurta a Vida,
    a estupidez de vocês
    que desperdiçam um tempo precioso.
Dentro da disputa não existe justiça,
dentro do ódio não existe paz,
uma teoria tão fácil como esta
não é compreensível a vocês?
    Dentro desta luz do céu azul,
    caminho à frente deste coral.
    De dentro do redemoinho
    desta canção revolucionária,
    eu prossigo cantando:
Deus, Meu Deus... Anjos celestiais...
Embalado pela melodia da canção revolucionária,
caminho cantando o meu hino sagrado."

A partir desta noite, a minha oração se modificou

um pouco: "Meu Deus, por favor, dá-me uma força poderosa! Faça com que a luz do Saber Divino ilumine o Povo!"

A METAMORFOSE

Eu sou um adepto do princípio da Luz, da Harmonia e detesto a luta. Todos os dias eu lidava com as palavras disputas, greves e noticiava o estado das conversações e as condições da greve.

Em tal província, um tipo de disputa tinha tal número de casos, em tal cidade, os operário haviam dominado o empregador e estavam realizando a direção e a manutenção da mesma. Na mina de carvão tal, as conversações se prolongaram tanto que a mesma se encontra em estado de falência. E mais e mais. A face escura, sombria da sociedade, o limite entre a vida e a morte no cotidiano, até o ponto de se tornar insuportável.

Além dessa vida preocupada com a alimentação, algo semelhante a um "movimento espiritual" não tinha meio de ser estimulado dentro deste cotidiano tão desesperado que se desenvolvia.

Durante a guerra, o objetivo "para o bem do país" estava inculcado no coração de cada um, mas agora todos os objetivos estavam voltados para suas próprias vidas, e o povo em geral vivia uma rotina onde não havia condições de dirigir o seu coração em outra direção. Para eles, a elevação da vida de cada um, no nível material, era o único objetivo.

O estoicismo, 'porque é para o bem do país', este modo de pensar parecia ter se apagado junto com o fracasso da guerra, e se uma parte dessas pessoas esclarecidas clamou pelo estoicismo, porque se tratava da reconstrução do país, isso foi chutado pelos adeptos da esquerda e substituído pelo: "Lutar para melhorar a vida do trabalhador".

Na situação presente, em que não se estabelecera nenhum objetivo em âmbito nacional, cada um devia se proteger, não havia outra solução, pois do país não se podia esperar mais nada.

Isolando-se as pessoas esclarecidas, ninguém sabia como proceder para o bem do país. Dentro desse mundo cheio de coisas incompreensíveis, a única coisa que todos compreendiam era de que não podiam contar com ninguém, além de si próprios, para a sua sobrevivência.

Se fosse para tornar um pouco mais farta a mesa de sua casa, aceitava-se tudo, o partido comunista, o homem estrangeiro, qualquer coisa; isso significava não precisar se preocupar com o que comer todos os dias e este era, sem dúvida, o verdadeiro coração do povo em geral.

Apesar de estar dentro desse ambiente, ia nos dias livres à Seicho no Ie e, depois do trabalho diário, corria de um lado para o outro no serviço de conversação, a minha devoção se tornava cada vez maior. Mas o coração das pessoas não se iluminava como a minha devoção. A explicação religiosa da concepção do "Koumio" tinha muito efeito na cura de doenças, mas não tinha quase efeito nenhum sobre o povo em geral, que desejava ver-se livre da pobreza ou desejava o melhoramento das condições alimentares.

"A pobreza não existe, a pobreza é uma projeção do seu coração, porque Deus não dá a pobreza ao homem. Se você continuar nesta crença de que este fenômeno do sofrimento não existe, com toda a certeza tudo melhorará." Explicava a teoria da realidade harmônica e perfeita, mas:

_ É mesmo? Se pudesse pensar dessa maneira seria bem feliz... Mas para as pessoas simples como nós, é difícil pensar assim. A vida de todos os dias é tão apertada... – as pessoas que respondiam dessa maneira ainda eram pessoas com consideração, a grande maioria se limitava a dar um sorriso irônico e ouvia sem interesse. Havia ainda os que replicavam malcriadamente:

_ Pessoas solteiras como vocês, podem prosseguir dizendo coisas românticas, mas pessoas como nós, que temos famílias, não temos tempo para ficar ouvindo esses sermões.

Concluindo, a minha propagação não tinha sido eficaz.

O coração do ser humano é lago estranho, quando adentra o espaço limitado por uma idéia, parece tornar-se incapaz de entender qualquer outra idéia diferente desta, começa a encarar com estranheza acontecimentos que são naturais às demais pessoas, e o que as pessoas comuns acham estranho no modo de falar e agir, pode pensar que são coisas naturais.

O exemplo mais claro disso são as palavras e ações dos comunistas e dos fanáticos religiosos. Eu me classificava, com toda a certeza, no segundo grupo.

O pensamento da Seicho no Ie era algo máximo,

somente esse pensamento é que poderia salvar a humanidade. Para este meu coração que pensava assim, só de posse dessa crença, proceder à descoberta na prática da realidade verdadeira era um processo verdadeiramente demorado e, dependendo do modo de doutrinar, o coração do ser humano se tornava ainda mais orgulhoso ou então acontecia de ser ferido. Apesar de enxergar essas falhas, em quantidade, nas palavras e ações dos fiéis, levado pelo coração do favoritismo, eu continuava a fechar os olhos a esses erros.

Em todas as religiões acontece o mesmo, as conversas sombrias da religião são tornadas públicas, mas a compreensão dos ensinamentos, o fracasso desse processo, o lado falho e nocivo, raramente é tornado público. Eu também era uma dessas pessoas, a febre da conversão era tão grande a ponto de me fazer pensar que não havia outra solução, senão salvar a humanidade com esta religião. Mas, reagindo opostamente, ao ver o resultado pobre das conversões, comecei a abrigar sentimentos de dúvidas.

"Onde estará a falha no meu modo de doutrinar?", foi o que pensei em primeiro lugar, e comecei a entregar a revista a todas as pessoas que encontrava. Procedendo dessa forma, um por cento dessas pessoas começavam a comprar a revista mensalmente. Para mim, um por cento ou meio por cento, tanto fazia, o que me deixava contente era o fato de que estas pessoas lessem e comprassem esta revista por sua própria vontade, e fiquei convencido de que isto era algo mais benéfico do que as minhas visitas às casas dos doentes.

Entretanto, passados três meses, meio ano, alguns

leitores desistiam, e novos leitores tomavam o lugar. Dentre as pessoas que continuavam comprando a revista, algumas a adquiriam apenas por hábito, outras entendiam a teoria na cabeça mas, na realidade, não a praticavam nem um pouco.

Procedendo-se a uma análise geral da Seicho no Ie, encontrava-se essa mesma tendência e mais, pessoas que memorizavam essa teoria em minúcias e detalhes e, ansiosas por apresentar às pessoas esses conhecimentos, se tornavam faladeiras em demasia. E outras senhoras de meia idade ou idosas, sem muito estudo, que de repente se sentiam como que sábias e, quando acontecia de agarrar alguém, desenvolviam a conversa de um modo como se ela própria tivesse chegado a esse conhecimento sozinha. Então, iniciavam a conversa sobre a lei que governa o coração, a não existência do corpo, da doença, sem se importar com a hora.

Veteranos e também pessoas de relevância propositadamente expunham o seu coração. Como um jovem que perdera a virtude da modéstia, todos diziam:

_ Tudo isso é projeção do meu ego, eu é que sou o culpado!

E embora dizendo coisas louváveis, crescia o número de esposas e sogras que, fazendo uso da lei psicaliticamente, acusavam seus maridos, noras e qualquer pessoa que se opusesse ao seu ego. Apesar de eu encarar apenas o lado belo do pensamento da Seicho no Ie, chegaria o momento em que não poderia renegar mais este fato.

De um lado, a teoria da verdade pregava que o ser humano é o filho perfeito e harmônico de Deus, sem culpas e sem pecado; de outro, este pensamento que ensinava a psicanálise sob o nome de Lei do Coração, um instrumento que atacava o ponto fraco do ser humano. Tudo começou a tremular dentro do meu coração.

O que se dava o nome de psicanálise, este serviço de mexer as velhas feridas das pessoas propositadamente, não era algo pra ser feito pelo ser humano que busca a religião, isto era algo que podia ficar entregue nas mãos dos médicos, das pessoas da área das ciências. Além do mais, publicar esses casos numa revista que qualquer um podia adquirir, ou comentá-los nas palestras ao lado das conferências em que se proclamava que o ser humano possui a mesma realidade perfeita e harmônica de Deus, tudo isso misturado na mesma publicação, era ainda mais perigoso. Esse perigo vinha dos corações crédulos e respeitosos dos ouvintes, pois se isso era o que aquele nobre professor falava nas suas palestras tão elevadas, sem críticas, esse método da psicanálise era inculcado na consciência como uma esponja absorvendo água.

Por exemplo, os olhos representavam a mulher, como nos era ensinado. Se este olho estava ruim, significava que alguma coisa errada relacionada à mulher estava ocorrendo. Uma senhora que ouviu esta conversa, cada vez que o marido tinha inflamação nos olhos, pensava: "Será que meu marido está se envolvendo com outra mulher?" E assim, algo que passaria desapercebido, só pelo fato de ter ouvido esta teoria, ela imaginava as causas e se torturava mentalmente todos os dias. Esse tipo de exemplo existe em quantidade.

Uma vez aprendida, e por se tratar de uma psicanálise

de fácil diagnóstico, a compreensão da Lei do Coração pode curar uma ou duas vezes a doença ou um mau acontecimento, mas o princípio fundamental desta lei leva o coração do indivíduo, naturalmente, a um estado de permanente vigilância em relação a si próprio e em relação ao próximo.

"Aquela pessoa está com o pé esquerdo enfaixado, com certeza desrespeitou o marido ou, então, não respeitou quem devia", "A minha nora tem hérnias e está sempre reclamando das dores, isto acontece porque não tem vontade de morar nesta casa." E desta maneira, todos os problemas que surgiam no corpo físico era relacionado com pontos negativos no coração destas pessoas ou insatisfações. Pode se considerar tolice, mas mais que isso, é um inferno para o coração.

Quando se passa a ver as coisas sob esta análise psíquica, as coisas simples que podiam passar desapercebidas deixam de ser simples, o coração que ama é coberto com uma nuvem inesperada. E este ensinamento é dado por um religioso, por isso o problema é maior. Quando um religioso começa a adular a ciência, é chegado o seu fim.

O cientista tem a missão de ir fragmentando este universo que se apresenta aos nossos olhos e assim conhecer a substância. O religioso, pelo contrário, vai diretamente à substância, segura-a firmemente e a traz para este universo. O ponto de partida de ambos os caminhos inicia-se em direções opostas para mais tarde se conectarem.

Quando o religioso, sem perceber, avança o seu coração no caminho da ciência, corre o perigo de que esta substância intuitiva fundamental do religioso (Deus) escape de suas mãos.

O que eu atualmente explano é que o que se manifesta na forma de doença, na forma de pobreza, são carmas das vidas passadas, que se manifestam sob essas formas no momento em que estão desaparecendo. Sem procurar conhecer as causas, sem remexer no mal do coração, apenas acredite que tudo isso é o sinal de que o carma está desaparecendo, de que está sendo eliminado, e que depois que desaparecer, virá a luz de Deus, que é a forma original do homem, dando forma ao universo verdadeiro e bom ao seu redor. Por isso, concentre-se no pensamento de que tudo são formas, que desaparecerão. E pratique a oração de agradecimento aos seus Espíritos Guardiões e Divindades Protetoras, pois, com toda a certeza, Eles agirão em seu benefício.

Este ensinamento é um ensinamento de total entrega a Deus. Um ensinamento que não reconhece uma gota de mal no ser humano atual, é uma doutrina de amor e perdão.

Quando se explica a teoria da realidade perfeita ou a natureza benevolente do ser humano, deve se restringir a doutrinar exaustivamente apenas esse preceito. Explicar que existe uma estrutura horizontal psicológica, denominada Lei do Coração, e levar ao conhecimento de todos um ensinamento que explore os pontos negativos e o mal do homem, assemelha-se a elevar o ser humano à altura do Paraíso, para depois empurrá-lo às profundezas do Inferno. O que se devia temer era o falar demasiado, a "má língua".

Ser capaz de criticar desse modo tão categórico foi

algo que aconteceu muito tempo depois. Nesta época, sem saber porque, eu prosseguia negando o meu próprio coração, que apresentava razões que continham conteúdo de crítica, por isso o sentimento de respeito em relação ao Prof. Taniguchi não se enfraqueceu. Se a minha conversa não era o bastante para levar o conhecimento às pessoas que não compreendiam o conteúdo da revista, eu acreditava piamente que se eu as levasse ao Prof. Taniguchi, com toda a certeza, as portas dos seus corações se abririam. E, com insistência, levava estas pessoas ao auditório da Seicho no Ie.

A jovem M também era uma destas pessoas. Não sei porque razões eu era especialmente insistente em relação à jovem M, em torná-la conhecedora deste pensamento. Tentaria tudo para que esta jovem fosse levada ao conhecimento da verdade. Duas pessoas originalmente de Hiroshima e Tóquio, que provavelmente jamais se encontrariam, encontravam-se agora numa rotina em que, começando pela ida ao trabalho de manhã, até o retorno ao lar, praticamente viviam juntos. Tudo isso não parecia pura coincidência, pelo contrário, segundo a Seicho no Ie, tudo acontece dirigido por um propósito, ou seja, um elo profundo deveria existir.

Esta tristeza, que esta jovem levava dentro de si, era uma sombra escura que parecia negar a vida. Dentro deste coração terno e fácil de ser ferido, a derrota da guerra, as diversas ondas de sofrimento da sociedade do pós-guerra, tudo isso ela era capaz de sentir como se fossem coisas suas.

_ Se Deus é perfeito, por que será que faz o homem sofrer assim?

Esta pergunta era a expressão do seu coração, que queria livrar a sociedade humana do seu presente sofrimento, mas que constatando a limitação do poder do seu ego, se transpunham nestas palavras doloridas. Eu acreditava que a Seicho no Ie salvaria esta jovem deste sofrimento, tinha a obrigação de salvar.

Lembrei-me das palavras de Cristo: "E eu vos digo à vós: pedi, e dar-se-vos-á; buscai, e achareis; batei, e abri-se-vos-á" Lucas 10,11:9

Num certo domingo, quando as folhas de "icho"*16 estavam já completamente amareladas, com a promessa de assistir um filme na volta, e como que empurrando a jovem que não se mostrava muito disposta a concordar, dirigimo-nos ao auditório em Akasaka. Para mim, era o respeitável e inigualável Mestre Taniguchi, para a jovem M, tratava-se apenas de um religioso desconhecido.

Quando a conversa do professor começou, eu fiquei preocupado com as reações dela durante todo o tempo da palestra. Quando ela se mostrava seriamente concentrada ou sorria, eu me tranquilizava e podia dirigir os meus ouvidos para a palestra e, nessa atitude, fomos até o fim.

Nos últimos trinta minutos, após o "Shinsokan", massageando as pernas dormentes, caminhamos atrás dos ouvintes que haviam até há pouco lotado o auditório.

No caminho em direção à estação de metrô de Aoyama Ichome, perguntei à jovem o ser parecer.

_ Foi uma palestra muito interessante, e a sua técnica oratória é muito boa, vê-se que é uma pessoa de muito estudo. Mas eu ouço você falar sobre esse assunto praticamente todos os dias e tenho lido todos os livros que me emprestou, por isso não senti, particularmente, nenhuma emoção especial. Você se esforça tanto em me explanar sobre isso, que já decorei tudo. Entretanto, só através daquela conversa será possível na realidade salvar a sociedade humana? Eu penso que, tratando-se isoladamente, com certeza haverá pessoas que se salvarão do sofrimento, mas será que pessoas comuns teriam condições de ouvir este tipo de palestra prazeirosamente?

Enquanto ouvia ela falar, um sentimento de raiva foi se apossando de mim: "Que impertinência!", foi o que me veio à cabeça. "Uma conversa tão boa como esta do Prof. Taniguchi... Por que não é capaz de ouvir com um pouco mais de submissão? Ouvir com docilidade, praticar com docilidade, só terá a ganhar com isso... em primeiro lugar, ela própria é que se salvaria... Tentar praticar e depois, aos poucos, falar sobre a sua experiência às pessoas do seu relacionamento. Mas essa jovem não. Desde o começo resiste ao ensinamento... a um ensinamento tão elevado como este!", e a minha raiva foi se transformando em mágoa.

Sem conseguir falar mais nada, num sentimento desconfortável, caminhei em silêncio. Vendo a minha atitude, ela disse:

_ Será que você se ofendeu? Eu não disse que o ensinamento é ruim, isso seria audácia da minha parte. Apenas disse que era muito elevado e, que na minha opinião, esta vida tão amarga não está melhorando nem um pouco com isso. Por favor me desculpe... Você se preocupou tanto em me trazer até aqui...

Sem nada para replicar, continuei andando em silêncio.

"Por que será que me importo tanto com as palavras

desta jovem? Frequentemente recebo de estranhos oposições muito mais fortes, mas nunca, como hoje, o meu coração se descontrolou ou se magoou", pensei comigo e, neste mesmo instante, senti o meu coração ficar vermelho. "Eu gosto desta jovem!", pensei e, apressadamente, como que para apagar esse pensamento: "Isto é algo inconcebível, este corpo eu entreguei para a salvação da humanidade, não tenho tempo para assuntos amorosos. Que tolice!", e endireitando o peito, reneguei este sentimento.

_ Que acha de irmos até o parque de Jingo Gaien? – falou a jovem ainda pensando que eu estivesse furioso e tentando me apaziguar.

_ É uma boa idéia. Vamos... Eu estava pensando num cinema na volta, mas a nota do seu comportamento foi ruim, por isso não me sinto disposto a assistir nenhum filme.

Finalmente consegui retornar a disposição anterior e sorrir. Sem perceber, nós dois já estávamos andando pelo parque.

Sob o céu azul, as alamedas de "icho" com as suas folhas douradas que ondulavam, o passeio dominical, famílias com crianças, casais caminhavam para lá e para cá. A beleza da natureza e a harmonia do ser humano... Mas para mim, havia algo que não me deixava livre, uma mágoa que não me deixava e paz.

"De onde vem, afinal, tudo isso? O sofrimento da sociedade é que me perseguia e que me trouxera até aqui? Isso também é possível. Mas esta outra emoção, que acabara de nascer de uma forma tão repentina, não seria responsável por essa minha desarmonia?"

Nos sentamos no gramado e, em silêncio, observamos o céu.

"O meu coração não está agora dentro daquele céu azul", pensei. De dentro do gramado, aqui e ali, as flores do "keito"*[17] pareciam labaredas ardentes.

"Eu, que subo a colina dos trinta,
o vermelho das flores do keito,
sem me inflamar, atraem-me para o amor."

Essa poesia flutuou na minha cabeça. Este tipo de poesia com que me sentisse envergonhado perante Deus, meu corpo se enrijeceu, e esta vergonha, que vinha do fundo do meu coração, fez com que a minha vitalidade caísse precipitadamente.

Eu já experimentara, no passado, o fracasso no problema matrimonial e, por causa da minha atividade amorosa, eu decidira não casar e nem envolver-me em casos amorosos, me esforçava em treinar meu coração para se relacionar com todas as pessoas do sexo feminino apenas com o amor dedicado à humanidade. Mas este meu coração, sem que eu percebesse, tinha se rendido miseravelmente. Neste momento, eu deixara de ser aquele adepto fervoroso à procura de Deus, como era até ontem.

Fechei os olhos e rezei por um longo tempo para apaziguar o meu coração: "Meu Deus, Meu Deus, que o meu coração se torne um com o Seu. Por favor, tire do meu coração esta inquietação!", e continuei a minha oração fervorosamente, como se estivesse retirando algo sujo. Quando pensei que me tornara incapaz de respirar ou falar, dentro dos meus olhos fechados, uma luz brilhou

117

e aos poucos se estendeu até dentro do meu coração: "Tudo está correto, esta pessoa é a sua esposa", senti essas palavras tremeluzindo. Estas palavras, eu não as ouvi como as do ser humano, eu as senti, como aquela voz celeste nas margens do rio Nakagawa, eram palavras que continham uma energia comunicante. Ao mesmo tempo, a névoa que até a pouco cobria o coração clareou num instante. O meu coração se alegrou. A alegria original voltou repentinamente. Quando abri os olhos, a jovem olhava o céu calada.

_ Você é uma pessoa de poucas palavras, não é mesmo? – eu disse, meio decepcionado com o fato dela continuar permanecendo neste silêncio.

_ Permanecer quieta desta maneira, dentro desta paisagem da natureza, é a coisa que mais gosto. Invejo muito os poetas. Quando vejo uma boa poesia, sinto o coração de Deus. Sou alguém que não serve pra nada... não sei fazer nada... – ela disse quase num murmúrio. Levada por essas palavras, a conversa se voltou à literatura e à música. Quando conversávamos sobre estes temas, ela parecia se transformar tamanho era o seu entusiasmo. Tinha se formado em inglês e, diferente de mim, não se limitara a ler as obras traduzidas. Por isso, quando a conversa caiu sobre literatura estrangeira, eu é que me tornara o ouvinte.

Enquanto conversávamos sobre isso, dentro de mim, Deus e a Seicho no Ie por algum tempo se tornaram silenciosos, e o lirismo que eu possuía antigamente novamente afluiu à superfície do meu coração.

Eu era um romancista nato. Aspirando à Beleza, adentrara à música e à literatura. Meu coração aspirava saber a verdade do ser humano, procurava as origens da humanidade e, sem me dar conta, minha direção se focalizara na religião, na busca do caminho para a salvação da humanidade. Ao acordar, dirigia-me à Seicho no Ie, ao anoitecer, o "Shinsokan", a minha vida se concentrava toda na fé.

_ Quando você está falando sobre arte, é uma pessoa verdadeiramente terna, suave, profundamente amiga, uma pessoa que faz falta, mas quando você conversa sobre o Movimento, torna-se teimoso, insistente, obstinado e, falando francamente, fico com vontade de fugir correndo. Desculpe falar mal de você, mas é como me sinto na realidade. Você se apoia demasiado nesta coisa que se chama Seicho no Ie e, na minha opinião, as suas verdadeiras qualidades você está empurrando para o fundo do seu coração. Todas as pessoas da instituição também estão dizendo: Goi é uma pessoa excelente quando se despe dos artifícios.

E assim, enquanto conversávamos, de repente ela me deu o seu parecer sobre a minha pessoa claramente. Dentro desta jovem que parecia bondosa, terna e de poucas palavras, havia algo de sólido que lhe proporcionava uma maneira correta de ver as pessoas, que me deixou admirado.

A única pessoa capaz de dizer essas coisas de frente para mim, claramente, sem titubear, antes e depois deste dia, foi esta jovem.

Lembrei-me novamente do conteúdo daquela voz que ouvira um pouco antes, e conclui que era, sem dúvida, um sinal correto de Deus. Para mim, era imprescindível uma representante da opinião pública como ela, alguém que fosse minha esposa, um ser humano que me criticasse quando necessário.

A COMUNICAÇÃO
COM O MUNDO IMORTAL

O desígnio divino em relação à jovem M, a confissão dela, tudo isso fez com que aos poucos uma mudança ocorresse dentro de mim.

Não me bastava mais um modo de doutrinar limitado à mera repetição dos pensamentos da Seicho no Ie. Eu começara a pensar que deveria ser um ensinamento em que eu pusesse o meu coração a descoberto e a ele acrescentasse os conhecimentos do Movimento.

Nesse meio tempo, fui designado instrutor regional, e os meus contatos com o Departamento Central se tornaram mais frequentes.

Neste contato com os instrutores do orgão central e também regionais, pude constatar que, tanto uns como outros, entalados entre a estrutura vertical da teoria da realidade perfeita e completa e a estrutura horizontal da Lei do Coração, estavam em um estado de verdadeira confusão.

A verdade do ser humano é perfeita e completa, por isso o ensinamento que diz: 'reverencie cada ser humano e não reconheça o mal', colocado em relação aos problemas da vida diária, é na verdade algo dificílimo. E para a pessoa que tenta cumpri-lo honestamente, por mais que negue, tem sempre diante dos olhos certas relações humanas que surgem com o mal, mas que se obriga a encarar como o bem, como a expressão da perfeição completa. Esta pessoa esforça-se para pensar assim, mas não é sincero, e recrimina-se por esta falta. Desta maneira, aparentemente, demonstra ser uma pessoa que realmente experimenta a realidade perfeita e completa, que não reconhece o mal do próximo. Se ele não proceder dessa maneira, sentir-se-á envergonhado diante dos seus companheiros.

Enquanto procede dessa maneira, esse tipo de personalidade se adere ao seu corpo. Mas na verdade, o seu coração não se encontra em um estado em que é incapaz de enxergar o mal, nem ele se tornou alguém capaz de reverenciar o próximo, por isso os seus verdadeiros sentimentos de vez em quando põem a cabeça para fora. Esta incoerência faz com que o seu próprio coração padeça e, sem perceber, transforme-se num ser humano hipócrita, incapaz de desnudar o seu coração.

Isto acontece porque idéias maravilhosas como a verdade do ser humano ser perfeita e completa, o mal não existir, desde o princípio estão aí, e esta frase às vezes pode se tornar a "chave de ignição" que abre os olhos para a verdade; verdade que pode levar à iluminação. Entretanto, como efeito oposto, pode levá-lo a tornar-se um hipócrita que renega as próprias falhas do seu coração. Por isso, excluindo-se aquelas pessoas que naturalmente são capazes de reconhecer que o mal não existe, é aconselhável reconhecer o mal; pensar que a manifestação dele é a indicação de que o mesmo está sendo eliminado, sem tentar apreender as causas e sem se aprofundar na análise, pode não causar uma grande revelação, mas evita do peregrino em busca da verdade sofrer, ainda que ele se torne um hipócrita, foi o que comecei a pensar aos poucos.

A estrutura horizontal da Lei do Coração fazia reconhecer as concepções erradas do passado, isto é, fazia admitir o mal para então procurar eliminar o fenômeno da infelicidade, por isso, excluindo-se aqueles que possuíam uma boa cabeça e aqueles que tivessem atingido o estado de iluminação, para os demais, a Teoria da Verdade e a teoria da manifestação constituíam uma verdadeira confusão.

Embora desde o princípio eu não tivesse dado grande importância à Lei do Coração e tivesse avançado apenas com a Teoria da Verdade, mesmo agora, vez por outra acontece de pensar: "O que é esta sombra que está provocando esta doença?" Este princípio passa de leve sobre a minha cabeça e, normalmente, ele é a causa do aprofundamento das feridas das pessoas.

O homem estava dividido em ser humano verdadeiro e ser humano fenomenal. Pregava-se que apenas o verdadeiro era real, e que o fenomenal não existia, mas a realidade de Deus unificada ao ser humano é algo muito difícil de ser compreendido, por isso, sem dar-se conta, acabava se dando maior importância ao ensinamento de como se manifesta a Lei do Coração, assunto este mais interessante e de fácil compreensão. "Porque o seu coração é assim que no mundo carnal, no mundo das fatalidade, estas infelicidades acabam aparecendo." Analisa-se desse modo até que a pessoa acaba praticando o ato de julgar o outrem, com este seu ego também passível de julgamento. Dessa maneira, aquilo que se denomina ser humano verdadeiro, completo e perfeito, sem perceber, acaba se escondendo. E ficamos sem saber se o ser humano é bom ou mal.

O ensinamento encarava a massa popular, de modo geral, como estando no mesmo nível das divindades, parecia-me que estavam querendo iludir-se e pensar que todas as pessoas dirigiam a roda dos seus corações apenas para o lado do bem.

Agora eu relembro com pesar daquela época da minha vida em que não fui capaz de levantar esta dúvida claramente.

Nessa sequência de acontecimentos, adentramos o ano de 1948, e por volta de meados de janeiro, ouvi da Sra. Koda que na casa do Sr. Y iria ocorrer uma reunião da Associação C, que estudava os fenômenos psíquicos. Então, tornei-me um dos associados.

A Associação era uma subdivisão da Sociedade Científica de Parapsicologia e, tendo a médium H e o Dr. S como membros principais, estava justamente começando suas atividades como um grupo autônomo.

Eu já assistira anteriormente às reuniões experimentais de fenômenos psíquicos da Associação, e nessas ocasiões acontecera de megafones voarem, mesas se movimentarem e vez por outra foi-me dado ouvir as vozes dos espíritos e almas, mas essas experiências, mesmo que fossem vistas repetidamente, só levavam a conscientização de que existia o mundo dos espíritos e tornava claro que as pessoas continuavam a viver em um outro mundo, mas isso era tudo. Não era possível tocar na essência de Deus. Eu desejava conhecer os lugares onde os espíritos mais elevados se apresentavam.

Na Seicho no Ie não era reconhecida a capacidade de profecia ou de pré-cognição. Apenas se explanava o corpo da doutrina misturado às experiências pessoais e se respondia às perguntas que surgiam nessas ocasiões, mas não era capaz de dar uma orientação eficiente sobre esses fenômenos psíquicos. Não há nenhum outro método de orientação, senão este de adaptar a teoria geral a cada consulta em particular. Dessa maneira, não há outra solução, senão explicar repetidamente a doutrina. Depois, só resta rezar para que o problema se resolva.

Mas só isso, de qualquer forma, é insatisfatório, alguma coisa fica faltando no coração da pessoa que veio para a consulta. Por isso, este consulente vai à procura de algum outro religioso ou médium e faz uma nova consulta para ouvir uma resposta decisiva, seja ela boa ou má.

Só através da doutrina, os problemas da realidade não se resolvem e, nessa procura, é grande o número de pessoas que acabam caindo nas mãos de grupos religiosos de baixo nível. O ser humano, em se tratando de problemas da realidade que vive, por mais que ouça as teorias abstratas, não é capaz de se satisfazer com elas. Por exemplo:

_ Não tenho dinheiro para comer amanhã. O que devo fazer?

Quando alguém vem a nós com um tipo de consulta tão premente como esta, ao invés de explanar teorias religiosas prolongadas, devíamos perguntar-lhe:

_ Que tipo de conhecidos você tem? Hum... Procure o Sr. A., ele lhe ajudará.

Palavras como essas, ensinar concretamente o lugar de onde virá o dinheiro seria muito mais gratificante para esta pessoa.

A cada vez que me acontecia de alguém fazer consultas sobre assuntos concretos como esses, experimentava amargura e tristeza, pois eu próprio me sentia insatisfeito em resolver os problemas apenas com estas teorias.

Nessa época, eu praticava a oração "Shinsokan" todas as manhãs e todas as noites. Cada vez mais o tempo que levava nessa oração foi se prolongando e se aprofundando, e ante os meus olhos fechados comecei a ver várias almas que iam e vinham. Acontecia também das minhas mãos postas em oração se movimentarem autonomicamente, e dentro da oração eu tinha inspirações, mas tudo isso era apenas o despertar das capacidades extra-sensoriais.

"Quero um poder sobre-humano para salvar as pessoas". Meu coração passou a pensar dessa maneira a partir daquele dia de maio. "Você é alguém que possui este poder", esse pensamento substituindo o anterior, sem perceber, passou pela minha cabeça e acelerou a minha concentração espiritual.

A Associação C, como a Sociedade Científica de Parapsicologia, não era uma associação que pesquisava cientificamente a alma e o espírito, mas sim um grupo que possuía significância religiosa e política, e era composto de forma cooperativa entre o mundo divino, espiritual e humano. Os seus associados, sob esses estreitos laços de companheirismo, proclamavam a reconstrução do Japão e desejavam ardentemente a salvação do mundo. Entre estes, eu podia ver o rosto de um bom número de pessoas relacionadas à Seicho no Ie. Todas, provavelmente, vinham a esse lugar levadas pela insatisfação com uma religião que era pura teoria.

Eu ainda era um seguidor fiel e esforçava-me verdadeiramente, mas me encontrava em estado de desesperança e buscava em um outro lugar uma nova energia que pudesse se somar a ela para superar essa fraqueza, ou melhor, essa atitude negativa de inércia.

Se fosse suficiente salvar-se a si próprio apenas, eu tinha a impressão de que, no estado em que se encontrava o meu coração, eu já estava salvo. Penso que eu já alcançara aquele estado iluminado que se define no Budismo como "Ouso"*[18], porque eu não sentia nenhuma insatisfação, privação ou incerteza em relação ao Céu, à Terra e ao Cosmos. Os meus dias eram apenas de agradecimento. O meu coração se encontrava num estado de liberdade completamente entregue nas mãos de Deus.

Nesse estado de traquilidade que vinha da não existência do egoísmo criado pelo ego, nesse retorno à essência pura da verdade, eu não podia permanecer alheio ao sofrimento da humanidade, em menor escala, ao sofrimento do Japão. Este era o meu próprio sofrimento, e os problemas da humanidade eu também sentia que estavam estreitamente relacionados ao meu ego. Eu não existia. E esta entidade sem ego tinha sido colocada no Japão, no mundo dos homens.

"Meu Deus, por favor, use a minha vida em prol do Japão, em prol da humanidade. Por favor, concede-me força suficiente para realizar este trabalho." Esta era a minha oração constante nesta época.

A reunião da Associação A, visando a comunicação

espiritual, realizou-se na sala da casa do Sr. Y, em estilo japonês de 24 tatamis*[19]. Antes do início houve o recebimento dos pedidos das pessoas que desejavam o "fuchi", e apenas um número determinado de pessoas, obedecendo à ordem de entrada dos pedidos, poderiam recebê-los. "Fuchi" eram as mensagens psicografadas que os espíritos divinos dirigem a cada pessoa em particular.

A médium H segurava com a mão uma das extremidades de uma vareta de bambú, e na outra extremidade segurava o solicitante. O bambú se movia autonomicamente e, dirigindo a caneta presa ao centro da vareta, a mensagem ia sendo escrita na superfície da papel fixado.

No "fuchi"que recebi estavam estas palavras:

"Uma verdade praticada vale mais do que uma centena de conhecimentos. Um ato praticado com sinceridade tem mais valor que um tesouro de conhecimentos."

Estas palavras foram para mim de grande utilidade, foi o que constatei claramente.

Depois da cerimônia, finalmente começou a sessão de comunicação com os espíritos.

Para auxiliar o fenômeno espiritual, todos cantamos a canção denominada "Take"e outra de nome "Iroha". Em seguida, tendo como fundo um disco de música tradicional japonesa, a médium H entrou em transe dentro da cabine feita com panos negros. Sob a direção do religioso Sr. H, começou o fenômeno da comunicação espiritual.

No início, semelhante às reuniões experimentais, ocorreram fenômenos físicos tais como megafones e bonecas pintadas com cores fosforescentes voarem, mesas se movimentarem e, finalmente, através do megafone ouvimos a voz do espírito K. Ele era um amigo da médium H, uma pessoa que morrera ainda muito jovem. Após as explicações deste espírito, houve o ensinamento da doutrina do Eremita O, que dizia ter vivido neste mundo há mil e quinhentos anos atrás. Esse eremita, cujo nome era "Shiguesen", fora um esforçado batalhador religioso que, após duras práticas ascéticas, tinha sido capaz de partir deste mundo sem desfazer-se do seu corpo carnal.

Todos os acontecimentos ocorriam de acordo com sua iniciativa e orientação. Dizia-se que todas as suas atividades estavam centralizadas no Príncipe S, que estava no universo divino. Dizia-se também que era um movimento para a salvação da humanidade de corrente imperialista, que no universo divino e espiritual esse tipo de fraternidade era vasta, e todos trabalhavam pelo bem da administração deste mundo carnal.

Ele falava não só pelo megafone, como também através do espaço. Eram palavras um tanto antigas, um pouco difíceis de entender, pronunciadas em voz grossa. Falava fazendo uso do ectoplasma da médium H. (Ectoplasma é uma substância que contém elementos materiais e espirituais.)

Os religiosos e os cientistas fizeram várias perguntas que, imediatamente, foram respondidas de modo breve.

Neste dia, fiquei sabendo um pouco sobre a Associação C e sobre a missão do Eremita O, mas nenhuma dúvida em relação a essa associação surgiu dentro de mim. Aceitei sem nenhuma relutância o que diziam os espíritos e os dirigentes da associação, e me pareceu que a partir deste acontecimento se abriam cada vez mais os caminhos para a realização da minha missão divina.

O rigor da noite fria de janeiro, no caminho de volta, parecia refrescar meu coração.

Nesta noite, ao começar a oração costumeira antes de dormir, a concentração foi muito rápida, e ante os meus olhos fechados, como sempre, iam e vinham os espíritos e almas. Esses espíritos de que falo não se pareciam com fantasmas, eram semelhantes a esferas de fogo, que flutuavam ante os meus olhos. E eram em maior número aquelas com uma luz azulada.

Observando-as apenas por observar, desta vez as minhas mãos postas foram movidas espiritualmente, e se me abandonava a esses movimentos, eles se tornavam cada vez mais violentos. Minhas mãos foram levantadas para o alto, sacudidas para os lados, movimentam-se como se estivessem cortando a água. Nesse momento, pensei, numa inspiração, em utilizar esses movimentos psicocinéticos e tentar comunicar-me com o mundo espiritual.

Pensando agora, vejo que fiz uma grande tolice, mas a partir dessa noite, levado por aquelas palavras, fui empurrado ao caminho do árduo treinamento ascético. Isto devia fazer parte do meu caminho de aperfeiçoamento, como constato agora, mas relembrando o meu sofrimento daquela época, não posso deixar de desejar às pessoas que me seguem, que encontrem a sua iluminação de um modo mais fácil, mais suave, e que prossigam neste caminho dedicado ao próximo. E assim, esse desejo se transformou neste meu ensinamento de hoje e rege o meu modo de orientar.

Nessa época, eu tinha procurado diversos religiosos e médiuns, tinha visto diversos fenômenos espirituais e, através dos livros da Seicho no Ie e livros estrangeiros traduzidos, pensava ter adquirido um vasto conhecimento em relação ao espiritualismo, mas era a primeira vez que eu usava o meu próprio corpo para uma pesquisa real.

Meus braços, com as mãos postas em oração, faziam grandes movimentos. Exatamente como se uma grande cobra, ou um dragão, elevasse a cabeça para o alto, ou como se a cauda estivesse batendo na água.

No presente, se eu enxergar alguém agindo dessa forma, imediatamente alertarei:

_ Pare com isso, é muito perigoso! O seu corpo poderá ficar a mercê da invasão de outros espíritos! – eu alertaria e impediria que continuasse a proceder assim.

Entretanto, nessa época eu não senti nenhuma sensação de perigo físico e, dentro do meu coração, comecei a comunicação com o mundo dos espíritos:

"Desejo conversar com vocês a partir de agora. Às perguntas que farei, se a resposta for sim, movimente as minhas mãos para cima e para baixo. Se a resposta for não, da esquerda para a direita". E logo que essas frases foram ditas no meu coração, como resposta imediata minhas mãos postas movimentaram-se para cima e para baixo. A resposta era sim.

"Você é um ser humano?", perguntei.

O espírito respondeu sim.

"É apenas um ser humano?" A resposta foi não.

"É a alma de um animal?" A resposta foi não.

"É a divindade do dragão?" Sim. E dessa maneira, as perguntas e respostas com o mundo espiritual continuaram até perto das três horas da madrugada. No final, deixando de lado o fato de serem verdades ou mentiras, fiquei sabendo dos seguintes fatos: As cores azuis das almas que cruzavam ante os meus olhos, durante o tempo em que permaneci de mãos postas, indicavam serem elas espíritos elevados. Nas minhas costas, como espíritos protetores, cinco espíritos estavam em constante vigília. Dentre eles, um era a divindade do dragão. Esta divindade se unia ao ser humano e auxiliava o desenvolvimento do destino do homem, diziam. E eu estava destinado a trabalhar intensamente na preparação do terreno, para a realização de uma grande tarefa divina.

De qualquer modo, como as perguntas eram respondidas com um simples sim ou não, era difícil saber coisas exatas e pormenorizadas. Além disso, esses movimentos poderiam ter sido responsabilidade do meu sub-consciente.

Não posso dizer nada sobre o fato dessas respostas serem verdadeiras ou falsas, mas com toda a certeza, nas minhas costas estava alguém do mundo espiritual, pois embora eu não intencionasse movimentar as mãos, meu corpo era movimentado naturalmente, por isso não posso duvidar da sua veracidade.

Na noite seguinte e na próxima, prossegui com a minha comunicação espiritual. Nesse meio tempo, comecei a sentir essa concentração que precedia à comunicação espiritual e os movimentos psicocinéticos, até mesmo durante o meu trabalho na instituição educacional.

De vez em quando mostrava aos meus colegas novatos da Secção de Publicidade os fenômenos psicocinéticos e fiz até mesmo previsões do futuro, mas todas as previsões falharam completamente. As pessoas da Instituição começaram a pensar:

"O Goi não tem mais jeito, sua cabeça começou a desregular."

Eu achava que o fato das profecias terem falhado era, pelo contrário, um acontecimento benéfico. Se se tratassem de almas de baixo nível ou almas de animais, como vivem num mundo cuja atmosfera é próxima à do mundo carnal, seria mais fácil acertar esses tipos de previsões simplórias e sem graça, mas o fato terem falhado mostrava-me que se tratavam de espíritos elevados, e que para alertar este meu coração, que tentou fazer essas profecias simplórias, propositadamente demonstraram falhar, pensei comigo.

Passado algum tempo, senti que era capaz de psicografar.

Nas horas livres, de posse de papel e lápis, esperava que a mão se movimentasse naturalmente. Esta se movimentava como que dirigida espiritualmente, mas não escrevia nenhuma palavra com sentido. Uma vez ou outra acontecia de escrever, mas eram assuntos que estavam no meu subconsciente, não eram mensagens enviadas do mundo espiritual, como pude reconhecer claramente.

Entretanto, certa vez, assaltou-me a vontade de escrever com o pincel*[20]. Assim, coloquei o papel apropriado sobre a escrivaninha, tomei do pincel e fiquei em prontidão. Por algum tempo permaneci em concentração, finalmente a minha mão direita começou a se movimentar calmamente, molhando o pincel na mistura de carvão. No início, com um domínio perfeito da técnica da escrita tradicional com o pincel, escrevi os caracteres correspondentes ao nome de "Sadao Watanabe". Sem pensar, ainda com o pincel na mão, falei em voz alta:

_ É o Watanabe que se mostrou, o jovem Sadao é que se mostrou!

Minha mãe e irmãos, um tanto assustados, olharam sobre a minha escrivaninha. Meu irmão mais velho que estava no quarto vizinho também veio ver o fenômeno. Todos que estavam na casa deviam lembrar-se desta letra, deste modo de escrever.

_ É verdade, esta é a letra do Watanabe.

_ É mesmo! – meus irmãos também elevaram a voz surpresos. Com toda a certeza era aquele meu amigo dos tempos de infância, aquele amigo sem igual que me honrou com a sua amizade até a metade da guerra. Ele era excelente na escrita com o pincel, e a sua letra era do conhecimento de todos de casa.

Tornei a colocar o pincel na mão. Desta vez, seguidamente, os caracteres do nome de Sadao Watanabe foram escritos, em seguida Toshio Goi, continuando com Masahisa Goi. Toshio Goi era o nome deste meu irmão que estava perto de mim. Muito tempo antes, este Watanabe fizera a gentileza de escrever o nome dele na placa que se coloca na entrada da casa, e esta letra de agora era parecidíssima com a daquela placa.

_ Sem sombra de dúvida, esta é a letra do Watanabe – meu irmão falou em voz baixa emocionado.

_ Será isso mensagem do mundo espiritual? – meu irmão mais novo falou, observando atentamente esta escrita psicografada que via pela primeira vez.

_ Se for, isso significa que o Watanabe morreu? – perguntou meu irmão mais velho.

_ Bem, isso é o que podemos deduzir.

Uma tristeza infinita me invadiu e coloquei a minha mão esquerda sobre o ombro direito. "Watanabe está aqui. Está atrás, às minhas costas. E está usando o meu corpo. É uma estranha sensação que não consigo definir."

A mão direita parecia dizer que ia escrever novamente, seus movimentos tremulantes e pequenos parecia estar clamando por isso.

Tomei o pincel novamente na mão. Desta vez, um desenho começou a tomar forma. Era o retrato de alguém. Meus irmãos, que estavam observando, exclamaram ao mesmo tempo:

_ É o Goro, este é o Goro!

_ É realmente muito parecido com o Goro... – disse a minha mãe que observava por detrás.

"Mamãe, é o Goro. Fico tranquilo em vê-la com saúde. Eu também estou trabalhando com saúde." Ao lado do retrato do seu rosto, minha mão escreveu essas palavras.

Goro era o irmão mais novo, logo abaixo de mim, e fora dado como morto na guerra da Nova Guinea.

Um pouco cansado, deixei o pincel.

Estes dois mortos estavam vivos. Além disso, pareciam estar vivendo muito saudavelmente. Estavam vivos nas minhas costas. Estavam vivendo neste universo que estava em algum lugar às minhas costas.

Como este mundo invisível, que de repente se tornara visível, a cor negra das letras e do desenho enviados do mundo espiritual flutuavam contrastantes na minha frente.

ALHEAMENTO AO MUNDO PRESENTE

A partir desta noite, prosseguiram os fenômenos de psicografia.

Os meus ouvidos tinham se transformados em ouvidos capazes de captar a voz dos espíritos como se fossem vozes humanas.

Em relação à psicografia, estava se aproximando finalmente a época em que eu desenvolveria uma intensa atividade sob orientação divina. Esse trabalho deveria ocorrer conjuntamente nos universos divino, espiritual e carnal. Do universo espiritual, diversas entidades estão participando. Do mundo carnal, um após o outro são me dados a conhecer os companheiros. As mensagens tratavam dessa matéria, e os nomes de pessoas famosas da história se enfileiravam.

Entretanto, eu não dei grande importância ao conteúdo destas mensagens psicografadas. Isso porque tudo o que constava nelas eram fatos que estavam na minha consciência e, apesar de conhecer estes fatos e nomes de pessoas, não me esclareciam em nada sobre como desempenhar o meu trabalho.

O fato de que essas mensagens não contivessem assuntos importantes significava que o conteúdo em si não tinha grande importância, tudo era apenas um processo de treinamento para facilitar a comunicação do mundo carnal com o mundo espiritual. Mesmo assim, não tive nenhum sentimento de desconfiança ou insegurança.

As primeiras pessoas a se manifestarem nesta comunicação com o mundo espiritual tinham sido: aquele que fora o meu grande amigo Watanabe e o meu irmão Goro. E todas as letras da mensagem, embora diferissem aqui e ali, aos meus olhos pareciam a letra autêntica de Watanabe.

Num sentimento de confiança, em que colocava todo o meu corpo nas mãos destas duas pessoas, abandonei-me completamente ao lado espiritual e permiti que eles dispusessem livremente do mesmo.

Estando em casa ou no meu trabalho na instituição, sempre que tinha um tempo livre pegava do lápis e psicografava. Até que começou a se tornar muito trabalhoso e penoso redigir normalmente, isto é, usar a minha própria consciência para corrigir textos, ou mesmo ler um livro demandava uma força de vontade muito grande, caso contrário tornava-se impossível.

As pessoas do Departamento de Imprensa e também a jovem M me preveniam seriamente preocupados:

_ Goi, pare com isso pois é muito perigoso. Você pode enlouquecer.

Especialmente a preocupação da jovem M parecia ser profunda.

_ Não acha melhor consultar o Prof. Taniguchi e pedir a sua opinião levando esses desenhos e escritos? – falou-me com o semblante desolado.

À ela, eu já fizera o meu pedido de casamento, mas devido à oposição de seus pais, esse problema continuava de pé, e ambos continuávamos o relacionamento que mantínhamos antes.

Apesar de pensar, no fundo do meu coração, que precisava de todas as maneiras fazer dessa jovem a minha esposa, esperava o tempo certo, mas com todos esses fenômenos ocorrendo, tudo isso foi posto de lado, e eu tive que concentrar todas as minhas energias no comportamento do lado espiritual.

Seu desejo era de que eu me dedicasse como uma pessoa normal a um trabalho dirigido aos aspectos culturais, mas essa minha atitude de alguém que aos poucos avançava numa direção completamente desconhecida para ela, o mundo espiritual, o universo das almas e dos espíritos, provocavam-lhe uma tristeza e insegurança sem igual. Quando eu contava detalhadamente os fatos relacionados à minha comunicação com este mundo, ela parecia ouvir num estado de alma pesado e escuro.

Ela percebera, com o aprofundamento do nosso relacionamento, que eu era o tipo de pessoa que não desistia apesar de ser alertado, por isso não tentou fazer com que eu parasse com tudo. A razão da oposição dos pais estava no fato de que eu era um indivíduo cujo comportamento fugia ao senso comum e, que ao invés de ter todas as portas abertas ao futuro, eram maiores as possibilidades de cair na pobreza. Para fazer amenizar um pouco as razões da oposição, ela desejava que eu retornasse à linha de comportamento considerada como normal pelo senso comum, e isto devia estar afligindo o seu coração continuamente.

Mas tendo diante dos olhos esse comportamento completamente fora do comum, perto da loucura, não pôde suportar mais e dissera aquelas palavras. A essa precaução de M, eu respondia com um leve:

_ Tudo bem, tudo está bem.

E apesar de não dar muita importância a isso, estava sentindo claramente que o meu corpo deixara de ser aquele capaz de trabalhar como sempre.

Nesta época, quase todas as noites ia procurar o Sr. Y, que transformara a sua casa em centro de reunião e intencionava separar-se do secto de Mokichi Okada para agir independentemente. Eu colaborava com ele na psicografia. Certo dia, ele teve a gentileza de me falar:

_ Penso que seria melhor deixar o emprego e dedicar-se inteiramente ao desenvolvimento das suas capacidades mediúnicas. Se você quiser, pode vir morar em minha casa e praticar esse treinamento.

O Eremita O, através da psicofonia, me estimulava a que me tornasse um psíquico e que desenvolvesse a psicografia.

Eu estava sendo empurrado à uma situação em que devia praticar verdadeiramente o treinamento, para me tornar alguém com capacidades extra-sensoriais.

Foi nessa época em que principiaram os fenômenos espirituais. Para citar dois ou três exemplos, certa noite, no bairro K, se realizava uma reunião de adeptos da Seicho no Ie. Convidado pelo orientador responsável, compareci na qualidade de observador.

Nesta noite, estava preparada uma discussão com as pessoas do partido comunista e, além do conferencista principal, eles contavam comigo como um orientador que possuía poderes extra-sensoriais como reforço.

Houve uma troca de opiniões sobre a filosofia materialista do partido comunista e a filosofia abstrata da Seicho no Ie, e como se tratavam de teorias completamente opostas, não havia meio dos dois lados se satisfazerem. Neste meio tempo, o lado do partido comunista disse:

_ Fala-se de Deus ou de alma espiritual, mas essas coisas são invisíveis, e nem podemos tocá-las. Esta coisa que se chama milagre divino, sem se tratar disso teoricamente, gostaríamos que nos fosse mostrado agora com toda a realidade – e jogaram essa proposta sobre nós.

O instrutor responsável e os demais fiéis, em pesado silêncio, olharam para mim. Queriam que eu, de alguma maneira, mostrasse um milagre capaz de resolver esse impasse.

Pensei que a situação era crítica. Era um sacrilégio isso de mostrar um milagre apenas para provar a existência de Deus. Como um religioso, não queria tomar uma atitude assim tão irresponsável. Mas a minha mão direita, de modo a não ser visto pelos demais, como que batendo levemente em minha coxa, começou a psicografar. "Coloque-se no meio da sala. Deixe que nós lhes faremos uma grande surpresa."

Como era o lado espiritual que me dizia isso, decidi experimentar.

Dirigindo-me aos partidários do partido comunista, disse:

_ Então vamos tentar – e, numa atitude calma, fui

para o centro da sala, estendi a almofada e sentei-me. Todos observavam atentamente numa tentativa de adivinhar, afinal de contas, que tipo de milagre eu estaria tentando realizar.

A sala era de tatami, e as pessoas que estavam sentadas, voltadas para a frente, afastaram-se para me abrir espaço.

Sentado sobre a almofada, permaneci de olhos fechados por algum tempo. Já me colocara no centro da sala, mas eu próprio não tinha a mínima idéia do que iria ocorrer a partir desse momento. Tudo estava entregue ao controle deles, por isso, só me restava esperar por suas ordens. Depois de passados um ou dois minutos:

_ Então vamos começar, por isso, abra os olhos, permaneça com as mãos nesta posição e sorria. – Ouvi uma voz dizendo essas palavras dentro da minha cabeça. E neste momento, o meu corpo, junto com a almofada sobre a qual me assentava, elevou-se suavemente cerca de quarenta, cinquenta centímetros e flutuava de um lado para outro. A audiência me observava pasmada. Flutuar sentado já era um milagre, por isso o fato de elevar-se quarenta ou cinquenta centímetros acima do piso, sentado sobre uma almofada, e ir de um lado para o outro, deixou o lado comunista completamente estarrecido. O confronto desta noite terminou desta maneira, sem nenhuma conclusão.

Eu não queria que se pensasse que esta coisa estranha era a verdadeira natureza da religião, por isso, disse:

_ Este procedimento que todos presenciaram é algo que não tem nada a ver com religião. Apenas solicitei aos espíritos que estão atuando através de mim, que demonstrassem que existe uma força neste universo que não pode ser vista com os nossos olhos, mas quero deixar bem claro aqui, que isso não tem nenhuma relação direta com a atuação de Deus.

Esse tipo de demonstração é algo que pode ser feito também por espíritos de nível inferior. Espíritos de níveis mais baixos é que apreciam tais fenômenos milagrosos para assustar as pessoas, por isso, tomem cuidado para não serem enganados. Eu estou envergonhado por esse acontecimento estranho que tornei possível a todos presenciarem, por isso, sem se interessarem por esses fenômenos, procurem dirigir suas energias em viver uma vida capaz de pôr à descoberto o mais depressa possível esta natureza divina de cada um. É o que desejo de todo o meu coração.

Terminei com esta breve preleção, mas não me passou pela mente, nesse momento, que isso seria usado mais tarde como material discriminatório contra mim pelo departamento central da Seicho no Ie.

Certo dia, fui visitar um conhecido em companhia de um amigo, mas este conhecido estava ausente, e a porta da entrada estava trancada. Como meu amigo queria de qualquer forma encontrar-se com ele neste dia, resolvemos esperá-lo. Era desconfortável permanecer em frente da entrada, então, procuramos um lugar do lado de fora do muro e dispusemo-nos a esperar conversando. Neste momento, comecei a psicografar: "Como é aborrecido esperar, vou assustar um pouco esta pessoa. Os seres do mundo espiritual são capazes disso também, e servirá para a sua própria existência. Preste atenção e fique com os olhos bem atentos." E mal essa mensagem findou, ouvimos o barulho da porta se abrindo.

_ Ah, o senhor H voltou!

Meu amigo caminhou apressadamente em direção à entrada, mas:

_ Que estranho, com toda a certeza era o barulho da porta se abrindo, você ouviu, não é Goi?

_ É mesmo, eu também estou certo que ouvi – falei com o rosto sério, esforçando-me para conter o riso.

Este fenômeno ocorreu novamente três vezes, e meu amigo, um tanto impressionado, sugeriu que fizéssemos a visita em outra ocasião, mas neste momento, o dono da casa retornou. Podemos denominar isso de efeitos de sons do mundo espiritual.

Mais um exemplo que aconteceu quando fui ao bairro de Guinza à serviço. Aproveitando para dar um passeio, cheguei até o prédio onde se instalara o Quartel General das Forças Aliadas.

Em frente ao prédio, três sentinelas estavam perfiladas, sendo uma delas de nacionalidade japonesa. Dentro da minha cabeça, um som espiritual que eu podia ouvir claramente como se fosse uma voz humana disse:

_ Vamos entrar neste prédio. A sua figura não será vista de nenhum modo por essas pessoas.

Nesta época, eu decidira me entregar completamente nas mãos dos seres espirituais e agir conforme suas vontades, por isso, sem hesitar, passei pela frente das sentinelas audaciosamente e fui adentrando os portões.

Eles estavam com toda a certeza olhando para o meu lado, mas me deixaram passar sem dizer nada. Perambulei um pouco pela área interior dos portões e voltei ao lugar da entrada.

_ Desta vez eles verão a sua figura – disse a voz do

espírito, e dessa forma, na saída:

_ Ora, ora, de onde foi que você entrou? – perguntou um deles assustadíssimo.

_ Passei em frente de todos vocês – respondi reprimindo a vontade de rir.

_ O que ?! Hei, você, não é verdade que ninguém passou por aqui nesses últimos momentos?

Essa sentinela indagou a outra de modo aflito, e esta, sacudindo a cabeça num gesto de estranheza, disse que também não vira ninguém passar. O fato de que alguém desconhecido tivesse sido capaz de entrar sem dizer nada estava estreitamente relacionado com a perda desse emprego, por isso, sem nem mesmo investigar sobre a minha pessoa, desejavam apenas que eu esquecesse essa falha, pareciam estar me pedindo isso. Portanto, concordei levemente com a cabeça e afastei-me deste lugar.

Enquanto caminhava, indaguei aos espíritos o porquê desse comportamento que mais parecia uma brincadeira de criança, e a resposta foi:

_ Para enriquecer a sua experiência. Para provar que em qualquer situação premente, qualquer fenômeno que pode ser visto como milagre pode ocorrer.

Entrementes, com o transcorrer dos dias, cada vez mais ia diminuindo a capacidade de auto decisão de meu ego. "Se por acaso estes espíritos e almas que trabalham comigo não forem entidades que recebem as benções divinas, o que farei então?", "O que farei se este amigo e meu irmão não passarem de meras falsificações?", este pensamento me aterrorizou, e a insegurança começou a nascer.

Perder o controle da própria vontade significava que eu não poderia agir mais com a minha própria consciência em qualquer situação a partir de agora.

Depois dessa sucessão de ondas de insegurança, experimentei analisar profundamente o meu coração e lembrei-me de que esta minha vida eu tinha entregue nas mãos de Deus, há muito tempo atrás, e o que me levara a assim proceder fora o desejo de trabalhar para a paz da humanidade. Este meu desejo profundo foi pouco a pouco retornando.

"Esta minha vida, que foi sempre dirigida por um sentimento tão puro, com toda a certeza, Deus jamais deixará desviar para um caminho errado". E assim, numa decisão em que me entregava totalmente, acabei com essa insegurança.

Uma vez tomada a decisão, tratando-se de uma personalidade otimista como a minha, o meu coração se tornou alegre novamente. Entretanto, antes de passados dois meses, tornou-se muito difícil para mim continuar o meu trabalho na escrivaninha, então, decidi abandonar a Instituição e dedicar-me ao desenvolvimento dessa capacidade especial na casa do Sr. Y.

O meu pedido de demissão foi totalmente psicografado, e entre os escritos que fiz despedindo-me dos jovens de departamento de imprensa, havia um desenho feito com muito cuidado: era o desenho que tinha dado ao jovem O, onde aparecia o perfil de uma jovem de cabelos compridos.

_ Como sinal de recordação deste dia, deixe-me traçar aqui o perfil da moça de quem você está enamorado – disse e entreguei-lhe o desenho. Mais tarde, fiquei sabendo que a jovem do papel na verdade era parecidíssima com a que ele amava.

Tinha sido uma travessura sem maldade dos mensageiros de Deus.

PRÁTICAS ASCÉTICAS PENOSAS

Antes de iniciar uma nova religião com o Sr. Y, pensei em encontrar-me mais uma vez com o Prof. Taniguchi. Apesar de tudo, eu ainda era instrutor da Seicho no Ie e não sentia nenhuma oposição a esta religião. Apenas pensava que com a complementação deste aspecto que chamam de poderes espirituais, ela se tornaria, sem dúvida, uma religião verdadeiramente completa, por isso eu me dedicava tão seriamente à pesquisa desse aspecto. Se por acaso a minha capacidade espiritual se tornasse perfeita, com certeza, este grupo religioso que pretendíamos criar e os demais grupos seriam convidados a reunir todos os esforços sob a Seicho no Ie. Por isso, visando fazer uma consulta também sobre esse assunto, pensei que deveria conversar calmamente com o Prof. Taniguchi. Isso era o que eu pensava, mas se o lado espiritual não permitisse, eu estaria impossibilitado de movimentar-me.

Entretanto, por uma feliz coincidência, o lado espiritual concedeu-me a permissão e fez o favor de estabelecer o dia da visita.

Devido à sobrecarga do seu trabalho, o Prof. Taniguchi dificilmente recebia visitas, exceto dos instrutores mais importantes e nos encontros, por ocasião das palestras, o que impossibilitava conversar sobre assuntos detalhados. Não havia outro jeito, senão procurá-lo em sua casa. E encontrar o dia adequado para esta visita é impossível com a cabeça deste nosso corpo carnal. Assim, decidi movimentar-me absolutamente de acordo com as instruções do lado espiritual.

Fiz a visita no dia e hora determinado. Justamente nesse dia, ocorreria a reunião do grupo administrativo da Associação da Pomba Branca (departamento feminino), e eu cheguei justamente quando se findava a conversa.

A empregada conduziu-me sem demora à sala de espera. Enquanto esperava, este mestre estimado apareceu do interior com o rosto um tanto surpreso:

_ Como você conseguiu ser introduzido pela empregada? – foram as suas primeiras palavras. – Está estabelecido que eu não recebo ninguém... Afinal, de que se trata? – e continuou a falar ainda de pé.

Eu expliquei com entusiasmo o estado do meu coração e mostrei-lhe os escritos psicografados que trouxera.

_ Há necessidade de que me desligue da minha atividade como instrutor até que as minhas habilidades espirituais se completem? – perguntei.

_ Acho que você poderá desempenhar os dois. Continue como instrutor como fez até agora – ele respondeu como se estivesse urgindo a minha retirada. Pensei que não podia tomar demasiado do seu tempo e me retirei.

Dentro do trem, no caminho da volta, praticava a

meditação, e na altura do coração comecei a ouvir uma voz grossa vinda de um alto monge iluminado que entoava uma sutra budista: "Namu Amida Butsu*²¹, Namu Amida Butsu, Namu Amida Butsu". Essa voz sóbria e expressiva acontecia às vezes, neste mundo presente, de ser a voz de um monge reconhecido por todos como uma pessoa de espírito elevado.

Ouvindo esta sutra dentro do meu peito, finalmente cheguei em casa. Esse cântico era ouvido claramente por mim, nenhuma outra pessoa era capaz de ouvi-lo.

Em minha casa, exceto o meu irmão mais novo, todos tinham uma posição de dúvida em relação à existência de espíritos e almas, e como o meu comportamento estava passando das medidas do senso comum, todos começaram a expressar a sua aflição. Verdade ou mentira, esta minha figura agindo absolutamente sobre o controle deste universo, que não podia ser visto aos nossos olhos, parecia alguém que fora apossado por algum monstro, pois abandonara sem nenhum sentimento de lástima tão bom trabalho. Afinal, o que seria tudo isso que estava acontecendo?

Para a minha mãe, meu irmão mais velho e sua esposa, que apenas observavam honestamente a vida deste mundo, o meu modo de agir parecia muito estranho e perigoso.

Abandonei o meu trabalho na instituição e durante alguns dias ia da minha casa à residência do Sr. Y para ajudar no tratamento curativo, no processo de concentração espiritual, etc, mas no caminho de volta passava sem falta na instituição, procurava a jovem M e visitava a sua casa em Suginami. (A jovem M tinha se mudado para este bairro no inverno do ano anterior.)

Meu Espírito Guardião tornou claro mais uma vez o desígnio divino e ordenou que eu realizasse o meu casamento, por isso, eu me esforçava pra que ela ficasse a par da minha missão divina e de todo o estado presente das coisas.

A minha mão direita estava constantemente psicografando, como se tratasse de uma espécie de tique nervoso. Estando eu andando ou conversando, estava sempre batendo incessantemente na altura das minhas coxas, escrevendo alguma coisa.

A jovem M, vendo as pontas dos meus dedos que se movimentavam sem cessar, o meu vulto que às vezes se posicionava com os ouvidos atentos para ouvir melhor a voz que vinha dos altos, só fazia chorar.

Vendo esse seu comportamento, só podia assentir silenciosamente às palavras que minha mão psicografava: "Esta jovem está se purificando também, esta é a sua purificação."

Todas as palavras que eu falava eram relacionadas ao universo espiritual, as pessoas focalizadas também eram entidades deste universo.

Para ela, que não mostrava nenhum interesse neste universo, para o seu coração que só procurava a verdade, todas as minhas palavras e atitudes deveriam parecer as de um insano. Ela deveria estar sentindo, com certeza, vendo o vulto deste amante que parecia enlouquecer cada vez mais, uma compaixão infinita e uma profunda tristeza.

Passado algum tempo, passei a residir na casa do Sr. Y. Na noite anterior à mudança, de acordo com as palavras do meu Espírito Guardião, de que o meu irmão Goro faria uma aparição, convidei minha mãe, e comparecemos à reunião de comunicação espiritual da associação C. As ocorrências deste dia se centralizavam nas profecias sobre as transformações do Céu e da Terra, e meu irmão Goro não se manifestou.

Minha mãe parecia ter previsto, por isso, não se desconsolou, mas parecia ter ficado ainda mais preocupada sobre o meu futuro. Entretanto, o Sr. Y disse:

_ A senhora é feliz por ter um filho tão bom. Seu filho é um dos eleitos.

"Por que será que Goro não se apresentou?", perguntei dentro do meu peito, mas dentro da cabeça só emergia a imagem de um espírito sorrindo alegremente.

A partir do dia seguinte, começou a minha vida na casa do Sr. Y.

Eu procedia à purificação de cada um dos fiéis no início e o Sr. Y no término. Antes de iniciar a purificação, imprescindivelmente, eu pronunciava em voz alta a palavra "OHM", numa entonação prolongada como se estivesse solicitando a descida das divindades, ou uma espécie de exclamação expressando o absoluto, isso acontecia naturalmente.

A minha voz era treinada para o canto, e tanto o seu volume como o seu alcance, diferente das pessoas comuns, eram ótimos. Acontecera, vez por outra, de a doença do paciente ser curada só com a entonação desse "OHM". Minhas capacidades mediúnicas de pré-cognição e profecias tinham se desenvolvido, por isso, aumentava o número de fiéis que vinham a mim para consultas sobre assuntos variados.

O Sr. Y, que a princípio me recebera com alegria, aos poucos começou a me tratar com cautela. Ele era uma pessoa de personalidade generosa e pacífica e possuía um grande coração, mas deve ter pensado que não suportaria perder para outra pessoa tudo aquilo construído com o seu esforço de longos anos. Além disso, porque nas minhas palavras havia muita doutrina do Movimento, ele me disse:

_ Por favor, Goi, se for possível, desligue-se da Seicho no Ie. Aquilo não é muito aprazível.

Em relação a isso, a voz do meu guardião dizia: "É só mais um pouco de paciência. Em breve você se separará."

Na minha opinião, a precaução do Sr. Y em relação à mim era mais que justificável. Enquanto permaneci na casa dele, muitos fenômenos estranhos tornaram a acontecer. Quando colocava as mãos em prece, os quadros da parede balançavam. Quando algum doente sarava, como que celebrando esta fato, sentia-se o cheiro de fragrâncias, o rosto da estatueta da deusa Kannon de repente tornava-se o rosto do eremita, se coloria, ou transformava-se na figura de um monge. Esses fenômenos não eram observados só por mim, mas também pelas pessoas à minha volta.

E mais ainda, certo dia, um dos adeptos, de repente, passou a agir como um possesso e falava continuadamente que queria encontrar-se comigo, por isso, solicitaram-me que fosse até ele. Levado pelo Sr. Y, chegamos na zona rural da província de Saitama, onde ele morava, por volta das onze horas da noite. Nunca estivera nestas paragens remotas, não sabia o endereço, mas fui andando através dos campos de arroz e caminhos tortuosos, até chegar a casa almejada.

E assim, vivi várias experiências. Certo dia, entre seis estatuetas de divindades budistas, apontei uma imagem em bronze da deusa Kannon e disse:

_ Esta imagem representa a Deusa do Amanhecer, é a minha divindade protetora, por isso, faça a gentileza de me dá-la.

Impressionado, Sr. Y respondeu:

_ Está bem, pode levar consigo esta imagem.

Apressadamente, tomei a estatueta da deusa Kannon.

_ Vou até à minha casa um instante, porque devo buscar o atestado de transferência – disse e saí, mas não mais retornei.

Na noite em que voltei à minha casa, deixei a imagem da deusa Kannon no lugar de honra. Neste quarto de seis tatamis, o lugar de honra ficava na direção leste, e o santuário doméstico budista estava voltado para o sul. Antes de dormir, minha mãe rezava suas sutras budistas voltada para o santuário, e eu costumava meditar em silêncio. Nesta noite também, enquanto eu meditava, minha mãe acendeu a vareta de incenso e começou a rezar as sutras budistas. Passado algum tempo, ela parou de repente suas preces e disse assustada:

_ Que coisa estranha, Masahisa, a fumaça do incenso brilha e liga-se diretamente à imagem da deusa Kannon!

Abri os olhos e, como minha mãe dissera, do santuário budista colocado no alto, a fumaça azulada do incenso brilhava e ligava-se à imagem da Deusa, colocada no lugar de honra, em uma linha reta de cerca de três centímetros de largura. Sem dúvida, era um acontecimento estranho.

Entretanto, eu já me acostumara às estranhezas e sem assustar, pensei comigo que esta divindade deveria ter alguma ligação a mim, pois me levara a pedir inesperadamente uma obra valiosa que pertenciam a outrem.

Esta era a minha divindade protetora, por isso, indaguei a respeito disso ao meu coração,

"Esta imagem da Deusa Kannon chama-se Deusa do Amanhecer*22 e foi feita para representar a sua missão de atuar como tal. Esta imagem está relacionada com os seus antepassados, foi por isso que você a trouxe do Sr. Y. O caracter que significa besta, escrito ao lado da palavra noite, quer dizer que no presente vivemos num mundo obscuro como o das bestas, e que o trabalho da divindade Kanzeon Bosatsu, visando trazer a luz do alvorecer o mais depressa possível nesta longa noite, também lhe será solicitado. O incenso brilhando e unindo-se à imagem da deusa é uma expressão do contentamento do coração dos seus antepassados que sobem junto com a fumaça do incenso."

Para as pessoas que não experimentaram fenômenos espirituais é uma conversa um tanto estranha aos seus ouvidos, mas é grande o número destas realidades.

Nesta noite, adormecemos como sempre, mas a partir do dia seguinte, fui adentrando a essa provação verdadeiramente penosa entre viver e morrer, a verdade e a loucura que durou alguns meses.

O meu corpo já não mais me pertence, mas eu ainda não conseguira identificar a entidade espiritual que fazia uso dele. A voz celestial que ouvira nas barrancas do rio Nakagawa e no parque de Jingo Gaien era uma voz sem som, meu coração e minha alma apreenderam o conteúdo desta ressonância intuitivamente. Me foi dito, então, que eu me iluminaria pelos meus próprios esforços; eu não tinha como duvidar da veracidade destas palavras. Mas nessa época, os meus ouvidos espirituais captavam uma voz semelhante à voz humana em entonação e ritmo. Era como se eu estivesse ouvindo a conversa de alguém com os olhos fechados, às vezes ressoava dentro da minha cabeça, às vezes eu a ouvia dentro do meu peito.

Ao invés de sentir a presença de Deus, sentia um ser humano vivendo presentemente, mas também sentia uma alma espiritual. E estas palavras possuíam uma natureza da qual precisava assegurar-me se era verdadeira ou falsa.

Sou alguém que entregou toda a vida à Deus, mas abandonar este meu corpo a uma alma, ou grupo de espíritos que parecia demonstrar as mesmas emoções humanas, fazia nascer dentro de mim este tipo de dúvida.

Sempre nessas ocasiões, imediatamente, o lado espiritual me dizia essas palavras: "O seu corpo já nos foi entregue. A partir de agora, você sofrerá diversas provações e se tornará um homem de Deus. Se há dúvidas, podemos devolver-lhe o seu corpo. Entretanto, você se afastará deste grande trabalho de Deus e se tornará apenas um pacífico cidadão comum."

Para mim, que vivi toda a minha vida desejando trabalhar para o bem da humanidade, pelo bem do Japão, que achava que não poderia fazer nada apenas com o conhecimento de um ser humano comum, agora era demasiado tarde, eu não poderia abandonar esse poder real extra-sensorial.

Se estes espíritos ou entidades que estavam utilizando presentemente o meu corpo não fossem emissários de Deus, isto também estava bem. Eu viveria para sempre tendo no meu íntimo o desejo pela paz da humanidade.

Se por acaso fosse o espírito do mal, só me restava lutar contra as forças deste poder.

Feita a última resolução, fiquei aguardando o procedimento posterior do lado espiritual.

Tendo a minha casa como ponto de referência, obedecendo às indicações do Espírito Guardião, o meu treinamento começou seriamente.

A primeira ordem foi a de parar com todos os pensamentos que cruzam a nossa mente todos os dias incessantemente. Parar com todos os pensamentos é uma coisa dificílima. Quando nos concentramos em um trabalho, outros pensamentos podem não ocorrer, mas durante todo um dia é impossível impedir que ocorram. Até mesmo os monges famosos da antiguidade sofreram por não conseguirem alcançar esta zona do coração de completo vazio. Além disso, isto não se restringia às horas de meditação, por isso, era mais difícil.

O meu Espírito Guardião exigia com veemência este procedimento mais que difícil, quase impossível. Esta ordem, é claro, não vinha do coração daquele amigo ou do meu irmão. Parecia ser uma ordem dada por alguém que era o principal no grupo dos Espíritos Guardiões.

Eu não sentia nenhuma benevolência ou concessão neste modo de ordenar, percebia uma austeridade próxima daquela revelação divina de antes. Não sabia como agir, mas não tinha outro jeito, senão agir. Eu me encontrava numa situação de completa submissão.

Lembrei-me do livro de Jeremias da Bíblia Sagrada. Pensei que me tornaria alguém como ele. Jeremias, que procedeu de acordo com as ordens do Deus Jeová e terminou sua vida em meio ao sofrimento e à tristeza. Estaria eu também dando o primeiro passo em direção a isso?

_ Vamos começar agora. Saia de casa! – disse e meu Espírito Guardião. Vesti o meu único terno e traje decente e saí de casa. Não sabia para onde ia e nem o que faria. Perguntar por algo que desconhecia, ou até mesmo pensar em perguntar, já era algo proibido.

Se algo me passava pela cabeça, logo recebia a ordem de voltar ao ponto de partida. Obedecendo, retornava. Então, recebia nova ordem de avançar em frente. Continuava avançando e logo alcançava a esquina, onde devia virar para a direita ou esquerda. "Para que lado devo virar?" Pensar isso é natural, mas se pensava, era mandado de volta ao ponto de partida.

Desta vez sem incidentes, virei para a direita e atravessei para o lado esquerdo da rua. "Será a estação?", falho novamente.

Retornei ao começo e, assim, após várias tentativas, finalmente cheguei à estação cerca de cem metros à frente, mas eu gastei mais de duas horas para alcançá-la. Este foi o tempo que avaliei mais tarde, pois naquele momento, só visava parar todos os pensamentos. Com os olhos voltados para o espaço, sem saber o que fazer com esses pensamentos que fluíam como uma fonte, caminhava e caminhava.

Em pleno abril, estação do ano em que o vento ameniza, o coração dos transeuntes, sem qualquer razão especial, torna-se leve e alegre.

Entre essa corrente de pessoas alegres que passam, eu caminhava com o rosto aflito. "Nada, nada, nada, nada". Debaixo dos meus pés, não sentia o chão; à minha volta, não existia a cidade. A única coisa que existia era o meu objetivo de cessar os pensamentos, ia e voltava, voltava e ia novamente.

Não existia tristeza, nem euforia. Não é que não existiam, apenas não tinha tempo para entristecer-me ou alegrar-me. "Nada, nada, nada, nada", não tinha um minuto a perder.

Chegara à estação, mas pensar se devia comprar um bilhete ou não já era uma falha. Duas vezes, três, quatro, cinco, depois de fracassar inúmeras vezes, disse:

_ Kanemachi – essa palavra saiu da minha boca, mas não foi dita por mim. Um dos Espíritos Guardiões estava fazendo uso das minhas cordas vocais. "Afinal de contas, onde estou?" Neste momento, o meu ego não existia. O meu corpo estava completamente vazio e atuava de acordo com o desejo desses guardiões às minhas costas.

Tomei o trem em direção à Kanemachi, mas ultrapassei esta estação e fui até a última parada, que é a estação de Matsudo. O trem parou, todos os passageiros desceram, eu permaneci no vagão.

O trem recebeu novos passageiros e mudando a direção para a estação de Ueno, deu a partida. Kanemachi ficou para trás, Senjuku também, mas eu permaneci sentado com esses olhos abertos que não vêem nada, lutando contra os pensamentos que vinham e iam.

O percurso entre Matsudo e Ueno foi feito várias vezes, o lado espiritual observava atentamente os meus pensamentos. Não há maneiras de relatar essa amargura e desespero que ocorrem no esforço de impedir o pensamento de fluir.

Finalmente, foi me permitido descer do trem ao anoitecer e, esfregando o quadril dolorido e cansado, voltei para casa, mas não podia expressar-me através de minhas próprias palavras. Isto porque não havia como expressar as palavras sem usar os próprios pensamentos.

Nesta noite, não almocei, nem jantei, fiz uma prolongada meditação e dormi. No dia seguinte e também no posterior, prossegui com esse treinamento de cessar a atividade mental. Continuaram também os dias de jejum.

De acordo com as ordens dos Espíritos Guardiões, andei por toda a área interna de Tóquio, nas direções leste, oeste, norte e sul e fui também até Yokohama. Em cada lugar por que passei, as casas que visitei sem que as pessoas se apercebessem, eu procedera a purificação desses locais.

Quando andava pela rua, das diversas casas à minha volta, ondas de pensamentos diversos me faziam parar, e eu andava pelas ruas como se estivesse me desviando dessas ondas.

Com um bilhete de trem de apenas uma estação à outra, viajei através da linha Keisei, da linha Tobu, da Tamaden e mesmo através do metrô, fazendo as diferentes baldeações.

Todas as coisas que fazia, para este meu corpo vazio de pensamento, não devia ser coisa desse mundo.

Certo dia, em uma casa do bairro K, a pedido das pessoas dessa casa, eu estava fazendo uma prece e, enquanto assim procedia, um grupo grande de almas emocionais comumente chamadas de almas animais, que estavam relacionadas às dificuldades das atividades profissionais desta casa, me atacaram. Por um instante fiquei assustado, mas felizmente, como estava disciplinado com a interrupção dos meus pensamentos, imediatamente procedi à cessação e voltei à concentração unindo meus pensamentos apenas em Deus. Essa horda de almas animais uma após a outra me atacavam pelas costas. Se relaxava, o meu corpo se inclinava e quase caia para a frente, para trás, à esquerda e a direita. Entretanto, sem desviar o pensamento e continuando a concentrá-los em Deus, comecei a sentir uma violenta vertigem. Do fundo dos meus olhos fechados, senti o meu cérebro desmoronar. "Será que vou desmaiar?", pensei por um instante.

"Não expresse seus pensamentos!" Imediatamente estas palavras faíscam na minha cabeça.

Pacifiquei meu coração e continuei a me concentrar. A batalha árdua durou cerca de uma hora. Quando senti que o meu coração se tornara absolutamente sereno, essa horda de almas passionais tinha se apagado e desaparecido completamente da minha volta. Tudo tinha se purificado.

Este é um exemplo que mostra verdadeiramente a ação benéfica da cessação dos pensamentos. Eu me sentia como se estivesse travando uma séria batalha, e se naquele momento o medo tomasse conta de mim, eu teria me desmoronado ali, ou então, provavelmente teria me tornado um possesso.

O que obtive nesta minha experiência foi o conhecimento de que a força mais poderosa, quando se lida com os seres deste universo que não podemos ver com os nossos olhos, é pensar constantemente com fé em Deus e treinar o coração para libertar-se do medo.

Ainda, certa vez, estava caminhando lentamente com os olhos para o alto em meio ao vento e a chuva forte. Os cabelos molhados respingavam encharcando a minha roupa, penetrando cada vez mais o meu peito e a minha costa. Meu sapato, com buracos em vários lugares, estava encharcado e pesado. Entretanto, eu não me apressava. Não pensava nem mesmo em andar depressa. Na minha cabeça não havia chuva, nem vento. Há muito não sentia nem mesmo o meu próprio corpo.

Não estava sendo guiado pela minha consciência, mas não procedia como um sonâmbulo. Não se tratava também de uma eliminação do ego. Em um ponto do nada, a consciência da alma estava presente, embora inanimada.

"Nada, nada, nada, nada". Com toda a certeza, além deste vazio, a verdadeira forma do ego estava solenemente presente.

Apesar de estar claramente consciente deste fato, este ser ainda imaturo que eu era não conseguia alcançá-la, a minha consciência já não estava mais dentro desse corpo carnal. Não obstante, eu ainda não conseguira alcançar a verdadeira substância original (corpo original).

Fazendo cessar todos os pensamentos - essa consciência individual que existe no intervalo entre o corpo carnal e o corpo original - eu era capaz de sentir o aglomerado espiritual às minhas costas, isto é, a consciência dos espíritos e almas de outras tantas pessoas que estavam utilizando esse corpo.

Há muito eu transcendera o vento e a chuva. Deixando-me fustigar por eles, eu estava ascendendo serenamente.

Este treinamento, a minha Divindade Protetora tinha ordenado aos meus Espíritos Guardiões para que assim procedessem, para conseguir a unificação do meu ego fenomenal com o verdadeiro, como me foi revelado mais tarde.

Ao lado deste treinamento ocorreu também, entre o lado espiritual e a minha pessoa, um questionário sobre religião e muitas outras provas. Em relação a esses exames, vou citar alguns exemplos:

A luta contra o medo era um desses testes.

Certa noite, andava pela cidade praticando a purificação e, de repente, dentro da minha cabeça:

_ Você morrerá nos próximos trinta minutos! Segundo a avaliação da sua aplicação nos treinamentos feitos até agora, foi decidido que você não conseguirá a santificação neste mundo terrestre. Prepare-se para a morte, é a ascenção! – como uma ladainha, repetia as mesmas palavras inúmeras vezes. Neste momento, o sentimento do medo foi derramado dentro do meu coração. Este sentimento era tão grande que não podia ser comparado àquele meu ataque por almas emocionais, que acontecera anteriormente.

Prisioneiro desse medo, por algum tempo, permaneci petrificado. Um suor frio perspirava do meu corpo.

_ É a morte, é a morte. Não há mais tempo, logo ocorrerá a morte! – As palavras dos espíritos me pressionavam cada vez mais. Fui empurrado para o abismo do desespero e, um passo antes de desaparecer dentro dele, dirigi o meu coração para Deus:

_ Deus, Meu Deus! Meu Deus! – era uma súplica feita com toda a minha alma. E, felizmente, para a minha consciência acostumada a concentrar-se, aos poucos fui me unificando a Deus. Dessa maneira, uma parte dessa rede formada pelo sentimento de medo começava a se romper. Nesse momento, alguém dentro da minha cabeça disse num murmúrio: "A concentração espiritual silenciosa!" Seguindo essa sugestão, gritando "OHM" em meu coração, concentrei-me. E assim, de repente, o sentimento do medo apagou-se, e uma luz brilhante começou a esparramar-se em meu coração.

Durante um longo tempo, pensei que esta prova fora arquitetada pelos demônios, mas depois fiquei sabendo que fora um teste que os meus Espíritos Guardiões tinham feito. Quem me sugerira que usasse a "concentração silenciosa" tinha sido o meu irmão, que não suportando a minha imagem demasiadamente desesperada, dissera num impulso.

Certo dia, aconteceu desta voz espiritual me dizer:

_ Você deve estar em aperto, porque não tem dinheiro. Por isso, eu lhe fornecerei. A partir de agora, desça na estação de Hamamatsucho, e do lado esquerdo verá uma mulher de cerca de quarenta anos vendendo bilhetes de loteria. Compre dela o bilhete número tal e tal.

Não sabia se era mentira ou verdade, mas para mim era um grande sacrifício conseguir o dinheiro para a passagem de trem todos os dias, e não tinha um tostão para colocar em casa. Mesmo assim, andava por diferentes lugares purificando-os e ia também às reuniões da Seicho no Ie. Pensando em não causar preocupações à minha mãe, decidira jejuar. Se não comesse, economizaria as despesas com a minha alimentação. Nesse meio tempo, com toda a certeza, Deus faria alguma coisa, era o que pensava. Foi quando recebi esta mensagem.

Entretanto, isto ocorrera numa época em que eu estava arduamente praticando o interrompimento dos pensamentos, por isso, não me descuidei ou deixei-me iludir por essas palavras.

Repetindo como um cântico as palavras "Nada, Nada", dirigi-me à estação de Hamamatsucho. Tudo aconteceu como me fora dito pela voz espiritual.

Se alí eu pensasse: "Este bilhete de loteria será premiado", seria desclassificado desta prova, mas permaneci sem pensar nada.

"Uma verdade praticada vale mais que uma centena de conhecimentos", estas palavras estavam vivas no meu coração, e eu estava tomado pela idéia de que tudo deveria ser posto em prática. Se o bilhete fosse premiado ou não, eu ficaria sabendo na hora apropriada.

De acordo com a voz espiritual, comprei daquela mulher o bilhete de loteria com o número citado. (Tudo isso tinha sido realmente uma prova, o bilhete de loteria não fora premiado). Eu podia sentir meus Espíritos Guardiões observando atentamente o meu coração.

Serenamente, fiquei à espera da seguinte ordem espiritual. Não ocorreu nenhuma, mas meus pés dirigiram-se naturalmente para o bairro de Tamachi.

Deixando o meu corpo ser conduzido livremente na direção que os pés se locomoviam, sem perceber, eu me encontrava perto do local onde existiam três viadutos, situado próximo à Universidade C. Para lá a jovem M tinha se transferido há pouco para trabalhar.

Como me habituara a não pensar com o meu próprio cérebro, permaneci de pé em frente aos portões da universidade, esperando as orientações dos Espíritos Guardiões. Eles não deram nenhuma orientação, apenas dirigiram os meus pés para a recepção. Justamente neste momento, como se estivesse sido chamada, a jovem apareceu. Muito surpresa a esta minha visita inesperada, ela disse:

_ O que aconteceu? Aparecer repentinamente...

_ É porque passei por perto...

_ Pode esperar mais um pouco? É sábado, e eu estava justamente pensando em voltar para casa. Vou me aprontar e logo voltarei. – Ela dirigiu-se ao interior e cinco minutos depois voltou apressadamente.

Saímos juntos.

Sob o entardecer que se prolongava neste mês de junho, a cidade estava tão clara que parecia brilhar. Minha roupa de verão folgada, arrastando o sapato que descolara a sola e abria a boca ao andar, toda a minha figura se projetara claramente dentro dessa claridade.

_ Nesse longo tempo em que nós não nos encontramos, você emagreceu tanto, parece doente... O que aconteceu de verdade para você emagrecer tanto?

_ Ah, eu estou num treinamento ascético rigoroso e além disso em jejum.

_ Mas não esqueça de cuidar do corpo também...

Assim dizendo, parecendo não suportar a dor de ver esta minha figura tão magra e miserável, ela desviou os olhos. Nós não nos encontrávamos há cerca de 2 meses,

167

apenas nos correspondíamos, por isso era compreensível a sua surpresa com esta minha mudança repentina.

As pessoas da vizinhança e meus amigos, quando viam a minha figura caminhando, diziam:

_ O Masahisa da família Goi parece que não está bem da cabeça... Coitado, era uma pessoa tão boa... – e iam até a minha mãe expressando o pesar e dando conselhos, por isso, a preocupação dela crescia mais e mais. Muitas vezes minha mãe me alertou, me aconselhou, mas eu não comia nada, raramente falava e quando acontecia de falar, pronunciava frases desconexas. Apesar de tudo, não causava problemas às pessoas, não procedia como as demais pessoas ditas como insanas, pelo contrário, este filho curava os doentes, por isso, ela não sabia como agir. Meio conformada com a minha atitude, deixava que eu procedesse como me conviesse, mas a sua preocupação deve ter sido muito grande.

A jovem M. e minha mãe cobertas por essa onda de emoções, deviam estar, sem dúvidas, com os corações amargurados e tristes.

Embora nenhum de nós dois sugerisse, caminhamos para o santuário de Meiji Jingo e tomamos o trem para a estação de Yoyogi.

Adentrando o santuário xintoísta, de repente, eu disse:

_ Ah, é o Imperador Meiji, é o Imperador Meiji! Dentro daquele céu azul encontra-se o Imperador Meiji! M, curve a sua cabeça, faça a reverência! – e me coloquei na posição de reverência máxima. Levada pela minha impetuosidade, sem pensar, ela curvou a cabeça profundamente. Os transeuntes passavam observando o nosso comportamento com profunda estranheza. Eu delineava visões neste espaço onde não se via nada. A jovem, com o rosto corado pela emoção onde se misturava a vergonha e a tristeza, não conseguia conter as lágrimas que transbordavam.

_ É uma loucura. Ele enlouqueceu de verdade.

_ Vamos! – eu disse.

O comportamento da jovem M quase passara desapercebido por mim, e como se tornara costume, com os olhos no espaço, comecei a andar. Tomada por essa tristeza, ela parecia não ter mais palavras para dizer e chorando silenciosamente, caminhava a passos trôpegos atrás de mim.

Quando terminamos as nossas preces no santuário, ela já tinha parado de chorar e, numa tentativa de reanimar a si própria, disse:

_ Eu comecei a estudar francês, você sabia?

_ Francês... Ah, francês não é? – Após dizer estas palavras, de repente, da minha boca começaram a jorrar palavras estrangeiras uma após a outra fluentemente.

Ela observava a minha boca assustadíssima.

_ Que tal lhe parece este francês?

_ Ah, este francês... Ainda não aprendi – dizendo isso, ela continuou a chorar.

Fiquei sabendo depois que os dois acontecimentos deste dia tinham ocorrido para medir a profundidade do seu amor, tudo tinha sido preparado pelos meus Espíritos Guardiões.

Tão grande era a tristeza dela, que continuou a chorar até o momento de nos despedirmos, e ao nos separarmos, colocou uma nota de mil yen no meu bolso. Eu, que deixara que os Espíritos Guardiões dirigissem todos os movimentos deste meu corpo carnal até então, sem pensar, disse com minhas próprias palavras:

_ Obrigado, M, muito obrigado – e conclui que era tarde demais para arrepender-me.

Um grupo de anjos ou demônios? Até agora não sei exatamente quem eram esses Espíritos Guardiões aos quais eu entregara o comando absoluto deste meu corpo carnal durante cerca de quatro meses. Eu acreditava na minha divindade intima e que às minhas costas estavam, do universo espiritual, meu amigo e também meu irmão Goro. Mas eu, que resistira até então aos duros treinamentos, neste momento, me senti desesperado e desejava voltar a ser aquela pessoa que eu era antigamente, voltar ao comando do meu corpo, agir com minha própria vontade, com meu próprio pensamento... Dentro do meu coração, um sentimento violento de inveja contra as pessoas normais, que podiam avançar livremente pelo caminho que o seu ego julgasse certo, despertou dentro de mim.

Nesse momento, a jovem, como se estivesse observando este meu coração, disse:

_ Não importa o que vier a acontecer com você daqui em diante, eu o seguirei. Se por acaso você se tornar uma pessoa insana, mesmo assim eu não me afastarei. Mesmo que você não receba um centavo da remuneração pelo seu trabalho, eu prosseguirei trabalhando. Não se preocupe, e esperemos pela época certa. Tenho certeza de que Deus fará a misericórdia de ouvir as nossas preces feitas com fé.

Ela me disse isso claramente. Neste momento, os seus sentimentos se firmaram decisivamente. Eu controlava silenciosamente esta emoção que começara a fazer arder o meu peito.

O AVANÇO PARA A LIBERDADE

Estas provas continuaram uma após a outra e, desta vez, o lado espiritual submeteu-me a um questionário de perguntas variadas dentro da minha cabeça.

_ O que é o ser humano?

_ É um espírito subdividido de Deus.

_ O que é Deus?

_ Deus é a Grande Vida que preenche o Universo e é também o Princípio da Vida.

_ O que é a Grande Vida?

_ A Existência de todas as Existências, o Absoluto do Absoluto.

_ O que é a Existência de todas as Existências?

Era uma chuva de perguntas que se sucediam uma após a outra. Quando titubeava na resposta, sentia um cinto de dor que apertava em volta de minha cabeça, ela começava a zumbir, e o meu rosto se avermelhava cada vez mais com a pressão. Não suportando mais, respondia:

_ Não sei.

_ Não é que você não compreende, é apenas incapaz de expressar este conhecimento com as palavras do ser humano. Há muito que você já compreendeu.

De fato, tinha a impressão de que, no fundo do meu

coração, eu já estava de posse desse conhecimento. Pensei, então, que não ser capaz de expressar em palavras era algo diferente de não compreender.

_ E agora a pergunta seguinte. Com que finalidade o ser humano nasce com este corpo carnal?

_ Para realizar neste mundo terrestre o princípio criativo de Deus.

_ Muito bem. E agora, de onde vem este seu raciocínio que o torna capaz de responder a perguntas como essas?

Neste questionário não era concedido o mínimo tempo para a análise das perguntas. Se a resposta não era imediata, a cabeça era pressionada dolorosamente. Se a resposta não correspondia à pergunta, o corpo carnal sofria dores.

Eu titubeei um pouco, minha cabeça sofreu um aperto dolorido e, neste momento, respondi:

_ Vem do meu corpo verdadeiro original.

_ O corpo verdadeiro original é o Deus Universal?

_ É o Deus Universal, assim como é o meu verdadeiro ego.

_ Então o seu verdadeiro ego é o Deus Universal?

_ É um dos Princípios da Vida do Deus Universal, como também é o Princípio Criativo.

_ O que é este seu corpo carnal?

_ É o recipiente que abriga o meu verdadeiro ego.

_ E onde está o seu ego individual?

_ Na minha alma e no meu corpo carnal.

_ Este ego individual é divino?

_ É uma existência cármica, que contém em seu interior a divindade.

_ Então você é uma existência cármica?

_ Sou um espírito subdividido de Deus, que está começando a desligar-se da sua existência cármica.

_ Quem foi Buda?

_ Uma pessoa iluminada, que se libertou do seu carma e unificou-se ao Ego divino.

_ Você pensa que poderá se tornar alguém como Buda?

_ O meu corpo verdadeiro original é que sabe.

_ Buda também recebeu ordens dentro da cabeça e foi instruído como agora ocorre com você?

_ Penso que algo semelhante não ocorreu após a sua iluminação. Penso que a divindade que ele próprio era utilizou-se do seu corpo carnal para realizar tudo.

_ E a respeito de Jesus Cristo?

_ Penso que o mesmo ocorreu com Ele.

_ Por que uma pessoa tão elevada foi crucificada?

_ Cristo não foi crucificado. Foi colocado na cruz apenas o recipiente, isto é, o seu corpo carnal.

À esta minha resposta, o lado espiritual parece ter ficado satisfeito, e este pensamento foi me transmitido. O meu coração tinha ficado transparente, e no meu cérebro eu não abrigava mais nenhum pensamento egoísta, como me foi claramente mostrado. Sentia-me como se o meu corpo original, que estava no Céu, tivesse sido ligado em linha direta a este aqui na Terra. Tinha a impressão de que era capaz de dar solução a qualquer problema que me fosse apresentado.

O questionário do lado espiritual continuou.

_ Como fazer para salvar o mundo humano do sofrimento?

_ Levar a todos o conhecimento do corpo verdadeiro original do ser humano e divulgar a concepção de Deus.

_ Como fazer para divulgar isso?

_ Eu também estou sofrendo por causa disso, mas penso que se deve propagar do modo mais amplo e rápido possível os escritos sobre a Verdade.

_ Será que todos conseguirão a iluminação apenas por ter lido o livro?

_ Esta é a maior dificuldade. Na presente situação deste meu coração, ainda não sou capaz de compreender claramente.

_ A sua resposta supõe-se que seja do seu corpo verdadeiro, será que mesmo este seu corpo original desconhece isso?

_ O meu corpo original conhece a resposta, mas este meu corpo carnal ainda está imaturo pra tornar possível que eu expresse em palavras esta resposta. É apenas uma questão de tempo.

_ Além de escritos, de que outro meio se servirá para divulgar?

_ A oração. Purificar o carma da Humanidade com a oração de meu ego unificado a Deus.

_ Será que uma camada tão espessa de carma como esta poderá ser purificada facilmente?

_ Não penso que será purificada prontamente, mas não sei de outro método que possa superar a oração.

_ Os materialistas provavelmente rirão ao ouvir estas palavras.

_ A princípio todos rirão. Este coração que zomba já é uma manifestação do carma, por isso, deve ser purificado em primeiro lugar.

_ Através do meu treinamento ascético feito até agora, sou capaz de impedir que o meu ego individual interfira, por isso, tenho a impressão de que consigo colocar tudo imediatamente nas mãos de Deus. Com o sentimento de que estou carregando nas costas todo o destino da Humanidade, procedo à oração na qual faço uma entrega total a este meu corpo verdadeiro original, que é divino.

_ Como ensinará às demais pessoas?

_ Ensinarei que o corpo verdadeiro original do ser humano, na verdade, não está neste corpo físico e que, como uma divindade, se movimenta livre e irrestritamente neste Universo. Por isso, ensinarei também que devemos dirigir nossas preces pela paz da Humanidade, com um coração que seja um manifesto do nosso verdadeiro corpo original e não levado pelos pensamentos cármicos procedentes do corpo carnal. Isto, porque o medo e a insegurança do coração perturbarão a nossa oração.

_ É algo difícil. Se é assim difícil, serão poucos aqueles que virão com você. Como aconteceu com os partidários do comunismo, o povo segue aquele que apresenta a solução concreta dos problemas.

_ Antigamente eu também pensava assim. Por isso, eu desejei um poder místico que me proporcionasse meios de melhorar rapidamente este mundo presente. E assim, graças à orientação de vocês todos, seres do universo espiritual e espíritos divinos, hoje me foi revelado este poder real sobre-humano. Mesmo que eu tivesse sido capaz de adquirir este poder através dos meus próprios esforços isolados, como aconteceu com Buda, não penso que eu não conseguiria melhorar este mundo presente imediatamente. Há necessidade de um determinado período de tempo pra que isso aconteça. Por isso, enquanto tomamos um longo tempo pra levar um grande número de pessoas a praticar a oração da verdade, pode acontecer de, atendendo ao chamado dos comunistas de estabelecer a igualdade dos direitos humanos na sociedade atual, o Japão ou todo o mundo fique à mercê da União Soviética. Este acontecimento não será capaz de purificar o carma deste planeta, e assim, a Humanidade não se submeterá por longo tempo a esse pensamento. Mais ainda, se qualquer outra filosofia ou artifício real for posto em prática, e não resultar na purificação da alma, na unificação do ego de cada pessoa com Deus, a verdadeira paz universal não se concretizará, e é por isso que a nossa oração jamais será dispensada.

_ O que fará se por acaso, enquanto você procede assim, acontecer uma guerra ou uma transformação no Céu e na Terra, e este planeta vier a ser destruído?

_ Mesmo que aconteça deste planeta ser destruído, para as pessoas como nós que conhecemos a divindade original, ou para as pessoas que estão em busca deste conhecimento, não será um grande problema. Entretanto, Deus é o Amor Infinito, por isso, não trará à maior parte da humanidade um medo tão grande como este e, sim, acredito que salvará a todos. Se não fosse por isso, não haveria nenhuma razão para que seres espirituais e espíritos divinos como vocês agissem desse modo orientando-me individualmente. Agora, eu entendo verdadeiramente quando Jesus Cristo disse: "Seja feita a Vossa Vontade".

_ Com isso, terminamos aqui o nosso questionário,

mas amanhã ao anoitecer, um fato extraordinário ocorrerá.

As perguntas do lado espiritual terminaram ali. As palavras tinham a mesma ressonância das vozes humanas aos meus ouvidos. Entretanto, a partir deste dia, esse tipo de voz semelhante à humana, a psicografia, todas as orientações do lado espiritual que ocorriam psiquicamente, não tornaram a se repetir através do meu corpo carnal. A suspensão dos pensamentos finalmente tinha sido bem sucedida. Deixei de conceber pensamentos. Entretanto, falava quando necessário. Dependendo da necessidade, movimentava as mãos e os pés, podia movimentar o corpo livremente.

Esta individualidade carnal, que eu era, já deixara de existir neste mundo. Eu devolvera ao Céu absolutamente todos os meus carmas que vinham das minhas vidas passadas. Entre o Céu e a Terra, apenas existia o meu ego purificado e transparente. Senti intuitivamente que o meu ego individual, que estivera ausente por um longo tempo, tinha já se unido ao corpo verdadeiro original nas Alturas. E esta intuição, na noite seguinte, me foi mostrada claramente.

O CÉU E A TERRA
FINALMENTE SE UNEM

Entrei em meditação como costumo fazer sempre antes de dormir. Devido ao treinamento, consegui concentrar-me imediatamente.

Nesta noite, quando pensei que me concentrara, senti dificuldades respiratórias e não conseguia mais inspirar, apenas expirar. Isso continuou até que em frente de meus olhos apareceu uma coluna grossa e límpida como se fosse cristal, parecia se estender até o Céu.

Levado pela minha própria expiração, comecei a ascender através desta coluna. Quando fui me elevando, vi acima uma nuvem cinzenta e um pouco amarelada que se superpunha como uma linha divisória, separando o mundo espiritual do mundo inferior. Atravessando esta linha sem nenhuma dificuldade, desta vez, fui ao encontro de uma camada de nuvens de intensa alvura. Também atravessei sem problemas, e em seguida, a de nuvens azuis, verdes, azul violeta e vermelho púrpura. Após a travessia de cada camada luminosa nas suas cores, quando passei pela sétima camada que brilhava na sua cor dourada, alcancei o mundo espiritual e fui de encontro a uma absoluta luminosidade. Dentro dessa luz, que parecia a mistura de todas as cores possíveis purificadas, sentado numa cadeira brilhante de ouro, com um barrete purpúreo semelhante àquele que os nobres da antiguidade costumavam usar, lá estava eu. Antes que tivesse tempo de exclamar um "Ah!", a minha consciência se unificou à figura sentada. O meu ego unificado lentamente se levantou. "Com toda a certeza, aqui é o Universo Divino. Posso ver diversas divindades que vão e vêm. Há uma montanha parecida com o Monte Fuji, há rios abundantes que vão e vêm. Há edifícios semelhantes ao Templo do Dragão. De cima pra baixo, da direita para a esquerda, da esquerda para a direita, incessantemente, fluem as ondas de luz. O estranho em tudo isso é que, apesar de estar parado, sou capaz de ver uma após a outra essas paisagens à minha volta." Nesta realidade onde o meu corpo verdadeiro original do Céu encontra-se unificado àquele ego que estava na Terra, a minha consciência individual se certificou daquela percepção espiritual de unificação divina, que finalmente tinha se realizado fielmente.

Este corpo original, que eu sentia intuitivamente, e no período de treinamento eu localizava um pouco mais ao alto, numa dimensão acima de onde estava, mas que até hoje não conseguira alcançar, neste momento, eu me incorporara corretamente a ele. Essa luz que vinha de dentro de mim fez desaparecer todos os obstáculos e irradiou grandiosamente. A partir desse momento, eu senti que o meu ego era a própria luz e, que dependendo do modo de irradiá-la, eu poderia ajudar aquele que sofre, salvar o próximo que padece, curar o outro que está doente. Conscientizei-me nesse instante de que o Céu é a parte interior profunda do ser humano, o ego divino é a própria luz que está no nosso interior. A verdade praticada com sinceridade finalmente tinha transcendido os cem conhecimentos, e eu conseguira atingir diretamente a verdadeira essência do meu ego. Ascender ao Céu significava que eu adentrara às profundezas do meu ego, essas duas frases têm o mesmo significado.

Sob o ponto de vista espacial, eu me incorporara ao meu corpo verdadeiro original do Céu, intuitivamente eu me unira à esse Deus que existe no meu interior. O tempo que levou a ocorrência deste fenômeno foi de cerca de trinta minutos. A suspensão dos pensamentos (percepção do vazio), o vazio em si, não era a finalidade última. Tornar-se vazio significa fazer desaparecer absolutamente todos os pensamentos terrenos e, no momento em que atingimos este vazio, o mundo real, o nosso ego verdadeiro original, se incorpora ao nosso ego fenomenal, e nos unificamos com o Céu, isto é, o nosso ego uno com Deus se manifesta.

O que é, afinal de contas, esse ego verdadeiro? É o ego divino, é a misericórdia, é a harmonia, é a liberdade irrestrita do coração. Quem foi capaz de expressar tudo isso perfeitamente foi Buda. Ele possuía a teoria perfeita, a misericórdia perfeita e também uma força espiritual mística completa.

Embora a teoria seja perfeita, não é possível alcançar a santidade máxima apenas com a posse desta teoria. Por mais que sejamos dotados de uma força espiritual elevada e uma força mística, apenas isso não é suficiente para atingir a Divindade Máxima. Mesmo que alguém possuísse esses dois elementos combinados, ainda assim, não poderia ser considerado um Buda.

Mesmo a partir de uma misericórdia incondicional, se não possuir a teoria perfeita somada a uma força espiritual e mística completa, seria impossível agir livre e irrestritamente para apagar seu carma deste mundo, assim, não poderá ser considerado o Salvador deste mundo terrestre.

Tudo isso me fez reconsiderar a grandeza de Buda e o reverenciar.

Esta entidade única que eu venero, Buda, na manhã do dia seguinte, durante a meditação, repentinamente apareceu diante de mim. Entrara em meditação, e passado algum tempo, diante dos meus olhos, uma luz suave e estranha começou a brilhar. Sem mover os pensamentos, apenas me limitei a observá-la. Então, à minha frente, vindo das Alturas, a imagem de Buda de imaculada alvura, sentado com as pernas cruzadas como os yogis sobre um pedestal de lótus, veio descendo e estendeu ambas as mãos em minha direção. Sem raciocinar, estendi também as minhas, e Ele colocou sobre a minha palma uma esfera dourada que penso ser o "Nyoihouju"*23. Ainda sem pensar nada, recebi com uma reverência e coloquei junto ao peito do meu corpo espiritual. Em seguida, Buda me deu uma nova esfera dourada, desta vez um pouco menor que a anterior. Recebi novamente com reverência e coloquei, como antes, junto ao peito. Prosseguindo, deu-me cinco folhas semelhantes a da planta que no mundo fenomenal se dá o nome de "sakaki" e após isso, repentinamente, desapareceu dentro da cintilação da Luz. Continuando em meditação, como se estivesse resguardando a partida de Buda, desta vez, também dentro dessa claridade, apareceu a figura de Cristo carregando uma cruz dourada e, logo em seguida, virando-se de frente para mim, incorporou-se e desapareceu.

_ Que você se torne um com Cristo – neste momento, uma voz dizendo essas palavras ressoou em meus ouvidos. A minha meditação desta manhã terminou com essa voz. Mais que a profunda emoção, eu sentia no fundo do meu coração, quase dolorosamente, o meu destino.

A minha alma sabia claramente que tudo isso não se tratava de uma simples ilusão.

_ A partir de hoje, você está completamente livre para cumprir a sua missão – eu ouvira claramente esta voz vinda das minhas profundezas. Eu era alguém capaz de conhecer tudo intuitivamente, eu me tornava um clarividente espiritual.

A partir desse dia, aparentemente, eu voltara a ser aquele de antigamente, isto é, aquele indivíduo que era antes de me interessar obsecadamente pelo problema do espírito e da alma. Pensava com a minha própria cabeça, falava com as minhas próprias palavras, movimentava-me com os meus próprios membros e dirigia-me a todos com o meu próprio sorriso. Os meu olhos não mais se voltavam fixamente para o Céu, as minhas feições expressavam a liberdade e a tranquilidade que moviam o meu coração. E deixei de clamar por Deus. Deixei de pressionar as pessoas com aquela conversa monótona sobre religião. Para os meus pais, meu irmão mais velho, sua esposa e para o meu irmão mais novo também, o antigo Masahisa parecia ter renascido. Carinhoso, com uma profunda consideração pelos outros, o filho alegre e divertido, dizendo gracejos, massageava os quadris do meu pai e as costas da minha mãe todas as noites.

_ O que será que aconteceu com Goro? – enquanto massageava as costas de minha mãe, de vez em quando ela me perguntava por este filho que morrera.

_ Goro está trabalhando arduamente nas minhas costas – respondia serenamente. E minha mãe, recordando aquele meu procedimento que parecia insano, disse:

_ Que bom que você sarou, você estava tão mal!... Que bom! As pessoas da vizinhança me alertavam, e eu também me preocupei seriamente, mas uma pessoa como você, que está sempre preocupando-se com o próximo, sempre pensando em praticar boas ações, uma criança que sempre se dedicou a Deus, não enlouqueceria de maneira alguma, era o que eu acreditava firmemente. Além disso, tanto o Toshio, como o Shin (meu irmão mais novo), confiavam na retidão do seu caráter.

Sorrindo, continuei a massagear as suas costas. Esta figura envelhecida, magra, com as costas recurvadas como um gato, fora a pessoa que mais me beneficiara neste mundo carnal. Honesta e sincera, sem uma migalha de egoísmo, minha mãe trabalhara arduamente todos esses anos pelo bem dos seus filhos. Sustentado este corpo carnal que não alcançava trinta e cinco quilos, apenas o amor pelos filhos é que a fizera trabalhar todos esses anos.

Depois da descoberta do meu verdadeiro ego, aumentou o número de pessoas que vinham à minha procura, eu estava ocupadíssimo com a cura de doenças e com as consultas pessoais, mas recebia obedientemente o que as pessoas me traziam. Para a minha mãe, era como se tudo tivesse revivido.

Meu outro grande benfeitor, meu velho pai, devido à sua doença, prematuramente fora obrigado a levar uma vida reclusa, mas na sua velhice, considerava-me muito como sua força espiritual. Sempre que possível, queria ouvir a minha conversa e, de acordo com as minhas palavras, venerava a imagem da Deusa Kannon, fazendo-me comover até as lágrimas. Devido a isso, em janeiro do ano de 1954, quando ele partiu deste mundo, ascendeu suavemente envolvido pela minha luz. Agora ele está às minhas costas, atuando como meu auxiliar na minha missão, e trabalha ativamente muito contente.

Até agora eu experimentara diferentes religiões, e após essa experiência direta espiritual, com o meu coração livre e incondicional como o corpo verdadeiro original de pura luz, dei o primeiro passo em direção ao cumprimento da minha missão neste mundo terreno, mas não é sem espanto que constato como consegui realizar e suportar todas aquelas duras provas espirituais. A fonte desta energia original, que me possibilitou realizar tudo isso, foi a tranquilidade e a crença de que às minhas costas estavam o meu amigo e o meu irmão, e que dentro do meu coração havia o amor pelo próximo, pelo país e o pensamento que me movia a orar pela harmonia máxima da humanidade. Apenas essas duas coisas, somadas a uma fé inabalável.

Estive a um passo de tornar-me um desvairado, e também a um passo da morte obscura. Não sei quantas vezes essas ocasiões se apresentaram, mas o que me salvou destes acontecimentos foi a minha fé, a confiança inabalável no amor de Deus. Entretanto, se por acaso o desejo de ter uma força espiritual, mística, fosse um desejo egoísta, não há dúvidas de que não existiria este que sou agora. Quando se está a um passo da morte, obrigatoriamente, os nossos pensamentos ou nossos comportamentos do passado disparam como cavalos de corrida pelo nosso cérebro. Se por acaso almejasse egoisticamente essas capacidades espirituais, eu jamais conseguiria tornar-me um verdadeiro clarividente. Isto, porque se estamos sendo levados por essa onda de pensamentos baixos, ao qual se dá o nome de egoísmo, não será possível elevarmo-nos aos níveis superiores do mundo espiritual ou ao universo divino.

Há uma ordem solene que rege este mundo, e há estágios definidos. A libertação dos desejos egoístas está estreitamente relacionada com o posicionamento da pessoa neste estágio. Consequentemente, se de posse de um certo poder espiritual, deseja elevar-se perante o próximo, mostrar-se superior, ou então conseguir posição social, ganhar dinheiro, etc, seres que vivem no universo das sombras, que comungam este mesmo tipo de desejos, tomam o lugar da divindade e começam a aderir à pessoa. Esses seres do mundo das sombras, sem nenhuma compreensão da divindade original do ser humano, da concepção de Deus ou dos objetivos divinos, é capaz de fazer previsões e mesmo de curar doenças. O ser humano carnal que solicita a ajuda desses seres espirituais, mesmo sem fazer uso dessa capacidade de que é dotado, é capaz de fazer coisas que o homem comum é incapaz e, levado por essas habilidades, fica vaidoso e vai perdendo as qualidades consideradas nobres no mundo humano, como a diligência, a honestidade e a liberdade de decisão. E mais, vai se apossando da liberdade de decisão do próximo, até que se torna alguém incapaz de fazer frente aos materialistas e à concepção ateísta, e acaba contribuindo para o desmoronamento da humanidade. Parece uma coisa de pouca importância, mas na verdade é uma ignorância religiosa que deve ser temida e combatida. Através da minha experiência, eu vim a conhecer este perigo, por isso, condenando o desejo de conseguir poderes espirituais apenas por vaidade, ensino que atrás das suas costas, os seus antepassados que alcançaram a iluminação estão lhe protegendo sob a forma de Espíritos Guardiões e Divindades Protetoras. Por isso, com o pensamento constante na proteção destes, vá dirigindo todos os acontecimentos da sua vida. Se você estiver sempre com o pensamento no seu Espírito Guardião e na Divindade Protetora, às pessoas que necessitarem de capacidades específicas espirituais, ser-lhe-ão concedidas as corretas capacidades, e se algo perigoso acontecer, de alguma forma, imprescindivelmente, eles farão com que você seja salvo - é como eu ensino. Isso se deve ao fato de que, às minhas costas, antes mesmo do meu nascimento, quem me protegeria e orientaria, já tinha sido solenemente estabelecido, como me foi claramente mostrado assim que todos os treinamentos ascéticos terminaram.

Se eu soubesse desde o princípio, isso que eu presentemente estou ensinando talvez tivesse sido alcançado mais rapidamente e sem sofrer tanto. Conquistar com o meu próprio esforço este estado de graça, anunciar isso ao mundo e orientar, é uma das missões divinas que recebi, por isso, desejo que este conhecimento seja um auxílio para as pessoas que vêm depois de mim. Na verdade, Divindade Protetora, Espíritos Guardiões, são palavras que existem desde a antiguidade, mas a maneira como explico essa concepção, comprovando a palavra da verdade, de um modo fácil de entender e praticar, não tinha sido feita nenhuma vez até agora.

Sem esses protetores, eu sei claramente que neste mundo terreno a idéia de Deus e o Universo seria algo impossível de ser concretizado. Uma das manifestações do Deus do Universo é a Ordem de Deus. Impassível, amorfo, sem coração. É apenas a evolução eterna da Grande Vida. E como uma ramificação desta, está a vida menor de cada ser humano. Quando se subdivide é que pela primeira vez se forma a substância da alma e em seguida este corpo carnal, que é chamado normalmente de substância material. Assim, esta vida menor se transforma na alma e, quando se separa em corpo carnal individual, de acordo com a consciência dessa separação, nasce o instinto de defesa, nasce o desejo e a ambição. Desta forma, o mundo veio a se tornar cármico.

Se deste modo tudo fosse regido pela Ordem Divina, este Universo teria sido destruído dentro do redemoinho do carma. Esta é a conclusão que chega qualquer pessoa capaz de observar honestamente este mundo. Deus é a própria Ordem. Se houver paixão na Ordem, ela deixará de ser uma Ordem. Algo impassível e sem coração não pode ser capaz de pensar em salvar a Humanidade. Da semente que se planta, se colherá apenas o fruto. Esta é a Ordem. O ódio retorna como ódio, a ira como ira, a tristeza como tristeza. Esta é a Ordem. Apenas com esta Lei não há nenhuma possibilidade de a humanidade ser salva. Neste ponto é que a filosofia do ateísmo pode nascer. Se tudo se limitasse ao Deus da Ordem, o mundo humano se tornaria um mundo materialista. E a confrontação de forças, a destruição do mundo, seria apenas uma questão de tempo.

"Deus é Amor". Esse Deus não é o Deus da Ordem e, sim, o Deus que age como a Divindade Protetora. Não é o Deus que é Vida que preenche o Universo, e, sim, a Divindade que possui a mesma concepção de Amor que o ser humano. Essas duas manifestações de Deus, erroneamente encaradas como únicas, é que geram a divergência das teorias religiosas, e é onde aparecem as contradições com a realidade. Para esse Deus que personifica a Ordem, por mais que façamos súplicas, não há possibilidades de que sejamos ouvidos. Isto, porque é impossível modificar a Ordem. Se não somos capazes de modificar o nosso próprio coração, jamais seremos salvos. Entretanto, uma vez que a pessoa se desvia da Lei (Ordem), é um trabalho muito difícil, quase impossível, retornar sozinha, com seus próprios esforços, ao seu caminho. Assim, se se perde a necessidade de Deus, a religião também se torna desnecessária. E o que vai se introduzindo aí é a religião de baixo nível, que objetiva apenas os benefícios desta existência. Neste tipo de religião, o verdadeiro benefício da pessoa, a purificação da alma, é posto de lado, ela busca apenas aqueles benefícios materiais que estão na frente dos olhos. O quanto a alma dessa pessoa poderá padecer, devido a isso, é um problema fora de questão. E para as pessoas que se agarram a essas religiões, o sofrimento é o que encaram como o problema principal, por isso, basta que a crise seja atravessada da qualquer jeito, só isso já é uma grande benção. Esta é causa da afluência destas seitas religiosas.

As religiões consideradas honestas têm argumentos religiosos teóricos e não se conscientizaram do erro que citei anteriormente. Por mais que essa teoria possa parecer correta, se se tratar de uma religião com regras que não nos fazem sentir, basicamente, o amor de Deus, está claro que o povo em geral seguirá aquela outra que, embora falsa, oferece maiores vantagens nesse mundo. Eu pude observar o desenvolvimento dessas suas correntes religiosas no mundo de hoje, e por isso, coloquei sobre a teoria correta este Deus do Amor, que recebe o nome de Divindade Protetora, com um poder de orientação capaz de salvar a Humanidade. (O livro "Deus e o Homem", do mesmo autor, trata desse assunto.)

Centralizando tudo nesta força salvadora, considerei todas as ligações cármicas como um passeio que estava se apagando. Proclamar que a realidade é completa e perfeita, mas trazer a Lei do Coração como uma manifestação, faz com que esta perfeição completa tão desejada acabe também se apagando. E tratando-se de um Deus que não podemos sentir real, que não podemos tocar ou enxergar com os olhos, apesar de rezar, não há como agarrar-se a Ele e abandonarmo-nos absolutamente em Suas mãos. Assim, através de Jesus ou Maria, essas pessoas que uma vez apareceram trajando este corpo carnal, que uma vez existiram realmente, mas que se divinizaram, buscamos o auxílio para a nossa salvação. Em relação ao Budismo, se formos tratar do dogma apenas, será muito difícil para o povo em geral compreender, por isso, criamos a forma de uma imagem budista e, através desta imagem, tentamos conquistar essa força que salva. As sutras também funcionam da mesma forma. Completamente aparte o fato de entender ou não o significado do seu conteúdo, a maior parte das pessoas as recitam, porque acreditam que é um texto sagrado e que trará muitas bençãos. Se há algo em que se segurar, a massa popular se agarra a isso para reanimar o seu próprio coração.

Uma filosofia religiosa, que fecha os olhos ao coração destas pessoas comuns, não é capaz de triunfar sobre essas religiões que se julgam falsas, religiões que visam apenas o lucro material. O povo, em face da realidade, quer ser salvo imediatamente. Deixando um pouco de lado isso que se chama de salvamento eterno, ele deseja um Deus que o ajude a atravessar da melhor forma possível as diferentes situações que se apresentam. Apenas falar sobre esses protetores, não o fará sentir essa realidade. Este Espírito Guardião ou esta Divindade Protetora é alguém que possui o mesmo amor humano que o protegido, é alguém que possui um relacionamento profundo com ele, por exemplo, os avós, ou seja, uma certa pessoa dos antepassados que conseguiu a Iluminação, ou então uma divindade que, com amor, acompanhou os seus passos desde antes do seu nascimento, tudo isso é indispensável. É necessário um Deus que, dotado de um amor semelhante ao do ser humano carnal, atue em seu benefício em todas as ocasiões necessárias.

Denominando essa divindade novamente, a apresentei ao povo. Abaixo, coloquei os relativos consanguíneos reais genealogicamente, de modo compreensível, e ensino de modo que se conscientizem

193

firmemente dessa realidade. E sobre essa Divindade Protetora e Espíritos Guardiões, que até então se apresentavam apenas solenemente, orientei de modo que as pessoas fossem capazes de reconhecê-los como seus protetores, e envolvê-los com um pensamento mais íntimo e cheio de calor humano. "Se você constantemente mostrar gratidão, Eles cuidarão de purificar a sua pessoa e sempre desviarão você dos perigos." Ensinar assim, torna muito mais fácil a nossa aproximação com Deus. Na verdade, em relação ao universo espiritual e divino, o trabalho imenso que essas entidades fazem por cada um de nós é algo impossível de ser avaliado.

Sou, presentemente, como um sítio de purificação dessas divindades e espíritos, estamos comungando este meu corpo carnal, por isso, estou numa posição de testemunhar isso claramente.

Limitar-se apenas a ensinar como consertar o coração e como agir, estando o ser humano ainda portando o mesmo medo e insegurança, consiste em fazer com que ele se conforme com a situação do momento. Na verdade, isso não faz desaparecer os carmas (atitudes e hábitos do coração) desta pessoa. Por mais que uma teoria seja elevada e nobre, embora muito consciente dela na cabeça, quando se trata de colocá-la em prática, emocionalmente e corporalmente, não se consegue realizar. Não apenas é difícil de realizar, como também esse conhecimento pode se tornar um material que torturará o próprio coração: tornar-se uma pessoa bondosa, mas pequena e estreita, é empurrá-la a uma vida completamente insípida.

Para salvar o ser humano, é necessário em primeiro lugar fazer desaparecer a insegurança e o medo do dia a dia. Dizer que tudo está bem, desonestamente, apenas para elogiar, não é um procedimento correto. Tentar transmitir segurança através apenas de palavras, não basta. Dizer que é capaz de fazer algo que na verdade não é, também não funciona.

Deve ser um caminho para uma nova vida, com o coração totalmente seguro, um caminho capaz de ser praticado e vivido emocionalmente. Para isso, a primeira coisa necessária é acreditar com fé no fato de que estamos sendo protegidos constantemente por Deus. E, paralelamente, torna-se indispensável que pisemos firmes, conscientes do propósito, no Caminho do Amor e da Verdade, o caminho que leva a Deus. Assim, eu tomei da palavra que as religiões comumente chamam de fatalidade, e a dirigi para a direção oposta, para a Salvação. O aparecimento do mal e tudo o que surge a nossa volta como infelicidade são as imagens dos nossos pensamentos e comportamentos errados do passado, que se manifestam para desaparecer. Não há nada a temer. Quando desaparecem, a nossa alma se purificará, e a nossa vida se iluminará. Por isso, sem se acusar pelos nossos pensamentos e comportamentos de até então, pense que, a partir desse momento, os nossos maus pensamentos e atitudes das vidas passadas estão se apagando, a luz da nossa alma está radiando e, finalmente, começará a verdadeira felicidade. Concentre-se nesse pensamento e ao mesmo tempo transforme isso numa oração.

"Minha Divindade Protetora, por favor, apague este nosso destino cármico o mais depressa possível e faça com que cumpramos a nossa missão divina." Ensino dessa forma, deixando de lado os acontecimentos infelizes, com um coração esperançoso e alegre. Para comprovar isso, a Lei do Coração diz que: "um coração alegre atrai um destino feliz, um coração cheio de amor atrai um mundo de amor à sua volta." Eu ensino que cada um implante no fundo do seu coração este princípio, salientando apenas as palavras de sentido positivo. E nas raízes disso está tudo o que obtive com minhas próprias mãos, a experiência que vivi diretamente.

O que chamamos de nosso corpo verdadeiro original está no mundo divino e, como uma divindade, está trabalhando livre e irrestritamente pelo bem da humanidade universal, por isso, esse ego, que é uma porção do mesmo espírito, não agirá contrariando esses princípios ou conceberá pensamentos negativos e escuros, ou seja, pensamentos como "eu não presto" ou "a Humanidade não vale nada". Mas se forem concebidos, isso significa que o carma está se manifestando para que possa desaparecer. Por isso, mantenha uma posição serena, limite-se apenas a firmar o seu destino benevolente, e esforce-se para a concretização da grande harmonia da Humanidade. Prosseguindo com a oração, algum dia, o nosso ego carnal e esse nosso corpo original se unificarão, e conseguiremos entrar na posse da Perfeição. Para que isso se concretize, a Divindade Protetora e os Espíritos Guardiões estão trabalhando para que todos os seus pensamentos cármicos se apaguem.

O ser humano é uma manifestação individual do Grande Deus. Cada um de nós é uma existência que resplandece, como o brilho das estrelas. A Luz da grande divindade, a força criativa do Grande Deus, torna-se a luz e a força criativa individual de cada um. A idéia da grande divindade, intrinsicamente, já está em realização, e essa sombra será manifestada neste mundo terreno, após transcorrido um período de tempo. Quando essa sombra for projetada sobre o mundo, neste momento, o Céu e a Terra se unificarão. Então, será a realidade do Paraíso na Terra.

Se o ser humano projetado neste mundo terreno, guardando essa mesma imagem com que foi projetado, concentrasse o seu coração na missão a cumprir, a Humanidade não sofreria ou se confundiria, e todos poderiam ver a concretização do Paraíso na Terra. Mas essa sombra, que é o ser humano carnal, esqueceu-se completamente deste seu corpo verdadeiro original que está no Céu e, envolvido pelo redemoinho de pensamentos carnais, discriminou o seu próximo segundo os seus interesses, obscureceu a luz que vem do Céu (a Luz que se irradia das profundezas) e se cobriu inteiramente.

Da onda de pensamentos que formam um redemoinho, eu me apoderei momentaneamente de um raio desta Luz que vem do Céu e fui bem sucedido na suspensão dos meus pensamentos. Compreendi que os sentimentos de alegria, ódio, piedade, gozo, não passam de ondas dos carmas que estão se apagando. A partir desse momento, eu deixei de ser aquele que era, uma sombra cármica e, unificando-me ao meu verdadeiro ego, começou, então, a minha redenção. Este que sou agora, no presente, é a imagem do Céu e da Terra que se unificaram e que, fazendo uso deste corpo carnal, está trabalhando neste mundo terrestre. O que o ser humano pensa comumente que é o seu ego, este corpo carnal, na verdade, é um corpo espumoso, sem consistência firme, é um redemoinho de pensamentos, uma existência que se modifica continuamente como uma miragem no deserto. Agarrar-se apenas a essa onda de pensamentos que vão desaparecendo de momento a momento, e dizer que é a felicidade do ser humano ou que é a paz mundial, de maneira alguma se manifestará confirmando esta verdade, isto é algo que está bastante claro. Após apagar de uma vez os pensamentos do passado, se não irradiarmos a luz do corpo original que está nas profundezas do ser humano, se não irradiarmos diretamente sobre a Terra a luz do nosso ego divino (chokurei) que brilha no Céu, o Paraíso terrestre jamais se concretizará. Dessa maneira, eu prossigo ensinando que toda a existência cármica, que vemos com os nossos cinco orgãos do sentidos, são os aspectos cármicos que estão desaparecendo.

Desejo que o nosso corpo carnal deixe de ser um recipiente de pensamentos cármicos o mais depressa possível e se torne um recipiente da Luz, que abrigue o verdadeiro ego (Deus), pois, assim, o ser humano se salvará, e a humanidade também poderá ser salva. Fazer com que as pessoas em geral conscientizem-se seguramente desse fato é a missão que vim cumprir.

Após este meu novo nascimento, não mais pensei com este cérebro carnal. Não deixo também que se acumulem os pensamentos, falo as palavras espontaneamente e movimento os meus membros. As conversas sobre a Verdade, sobre assuntos gerais, os gracejos, tudo ocorre de modo espontâneo. Mas isto não significa que procedo como naquela época em que estive sob o domínio do grupo de espíritos às minhas costas, aquele comportamento estranho, aquelas palavras fora do senso não são expressadas. Pelo contrário, é uma atitude séria até em demasia, eu me tornei uma pessoa que se comporta completamente dentro do senso comum.

Eu vivo o meu dia a dia de acordo com o que dita o meu coração. Se alguém que me conheceu antigamente me rever, dirá que eu sou aquele mesmo Masahisa de antes. Estou certo de que sou eu próprio que, com este mesmo coração, estou avançando no meu caminho. Entretanto, esta minha pessoa, para aqueles que pensam que o ser humano é apenas isso que chamam de corpo carnal, eu sou alguém que está numa categoria completamente diferente. Explicando melhor, eu estou dirigindo este meu corpo carnal e enviando estas palavras carnais de um ponto além deste mundo material. O Universo além deste carnal, em outras palavras, é o universo que transcende os três reinos (na concepção budista, o Yokukai*24, o Shikikai*25 e o Mushokukai*26) e que está além do vazio. Este universo, que se situa do outro lado do Vazio, é chamado de Reino Divino ou também de interior profundo do ser humano. Este meu ego verdadeiro que está neste universo usando este corpo carnal como um recipiente, como uma morada, fazendo uso ocasionalmente do meu pensamento carnal do passado, possibilita-me relacionar com as pessoas, atuar como conselheiro do próximo e, através da Luz Divina que procede deste ego, purificar o próximo.

Eu estou agora, neste mundo terreno, sob o aspecto de um restaurador.

Da entrega total, eu retornava para reparar. Comungava o sofrimento do próximo como o meu sofrimento, a tristeza do próximo como a minha própria, a situação em que se encontrava o próximo como a minha situação e, assim, procedia à orientação sob inspiração espiritual.

Dizer que conseguimos a Iluminação e relacionar-nos com o próximo a partir desta posição impossibilita tornar-se um com o consulente. Por mais que nos esforcemos, aparece naturalmente a atitude de olhar o próximo, que vem em busca de ajuda, de uma posição um pouco mais elevada. No meu caso, o coração do próximo é projetado diretamente, por isso, consigo comungar-me com ele no seu estado presente. Para a criança, eu me torno uma criança; para a pessoa idosa, eu sou um idoso; para a esposa, eu sou a esposa; para o esposo, eu sou capaz de comungar também este coração. Uma vez que me coloco no mesmo posicionamento do próximo, em seguida, vou encaminhando-o para uma posição mais elevada, esta é a orientação que pratico hoje.

Com esta intenção, aparecem expedientes como mentiras piedosas ou transações, mas tudo isso são palavras que saem da boca para salvar essas pessoas.

O que me faz derramar lágrimas sempre que estou orientando é o trabalho que o Espírito Guardião (o antepassado) está desempenhando para o bem destas pessoas. Arrastados pelos pensamentos cármicos do passado, para proteger os seus descendentes que tentam se afastar do caminho da verdade cada vez mais, percebo o quanto se amarguram esses espíritos. É um trabalho feito na sombra, sem tocar nos cinco sentidos, feito absolutamente às ocultas, sem nenhum agradecimento. É isto o que todos os espíritos fazem, dedicando o máximo das suas energias, tomam para si as amarguras e continuam o trabalho de salvar os seus descendentes.

Se o ser humano carnal pensa que a sua vida presente se desenrola apenas devido ao seu próprio esforço, eu pondero constantemente que é algo imperdoável em relação aos seus antepassados. Se do nosso lado agradecermos aos Espíritos Guardiões, quão leve se tornará o trabalho Deles! E na mesma proporção, o nosso destino se voltará para o bem. O princípio da fé deve, obrigatoriamente, iniciar-se com o agradecimento à estes espíritos.

Em julho de 1950, época em que praticamente me afastara da casa dos meus pais e andava pousando nos lugares onde o meu trabalho me levava, a minha esposa fizera a família conformar-se a aceitar a sua decisão. Ela veio ao meu encontro carregando nas mãos apenas os objetos indispensáveis.

Esta noite era o dia da palestra em Ichikawa, e o local era o mesmo onde agora se encontra o centro de treinamento de Shounkaku. Ela chegara justamente quando ia se iniciar a palestra e, perto de mim, com os olhos baixos, postava-se timidamente. Virando-me para todos os ouvintes, disse:

_ Esta é a pessoa que se tornará a minha esposa a partir de hoje. Estamos à disposição de todos. – E fiz uma reverência. Minha esposa também, em silêncio, baixou a cabeça reverentemente. Esta foi a cerimônia do nosso casamento. O padrinho foi a minha Divindade Protetora.

Entretanto, o lugar onde morar a partir dessa noite ainda não tinha sido determinado. Nenhuma preocupação em relação a isso nublava o meu coração, mas como estaria o coração da minha esposa? Eu era uma pessoa que se comportara anteriormente como um insano, ainda agora era alguém sem freios, impossível de se prever o futuro. Essa esposa, que nem mesmo tinha uma pousada determinada para a primeira noite do casamento, a partir deste dia, chamaria de esposo e intencionava dedicar toda a sua vida a ele.

A aparência dela era um tanto solitária. Entretanto, todas as coisas necessárias são providenciadas às pessoas. Estas palavras da Verdade, na hora da última consulta particular que se sucedeu à palestra, começaram a manifestar-se realmente.

Uma pessoa dizendo que queria alugar o seu segundo andar, porque necessitava de tal quantia de dinheiro no momento, veio me consultar para que o seu desejo fosse satisfeito o mais depressa possível. Esta era a consulta. Eu não tinha nenhum tostão, mas a minha esposa tinha exatamente a quantia necessária ao pedido. "Deus providenciará o necessário no momento necessário". Toda a minha vida foi regida por esse princípio, e esse também é um bom exemplo para confirmar isso. O relógio marcava vinte e três horas e trinta minutos, aproximava-se justamente a hora final desta noite. Depois que eu me tornei um clarividente, quando acontecia de orar por alguém, a pessoa tinha a impressão de que o corpo estava ascendendo até o teto; quando fechava os olhos dizia que via a minha figura colocada acima da Deusa Kannon, que por sua vez cavalgava a divindade do dragão; diversas conversas místicas dos fiéis chegaram aos meus ouvidos.

Pouco depois do meu casamento, quando passei pela casa do Senhor Shimada, que morava em um local de nome Hirata, na cidade de Ichikawa, o seu filho mais velho, o jovem Shiguemitsu, pediu-me permissão para tirar uma foto. Dentro de casa tirou duas e, quando me retirava, em frente do portão, bateu mais uma foto. Em duas fotos eu estou sentado em silêncio com as mãos postas simbolicamente, em uma delas vê-se às minhas costas a imagem da Deusa Kanzeon Bosatsu e o rosto espiritual de um homem da antiguidade portando uma coroa. Na outra foto, aparece a figura minúscula de Buda sentado sobre um pedestal na forma de lótus. Mas na foto batida em frente ao portão, não aparece o meu corpo carnal, mas, sim, o meu corpo espiritual, aparece apenas uma esfera luminosa. Isto é um fenômeno que as vezes acontece com os mestres elevados da Yoga, como fiquei sabendo mais tarde. O corpo original do ser humano não é carnal, mas, sim, de pura Luz, e esta foto comprova esta explicação.

Os fiéis costumam colocar uma cópia desta foto junto ao corpo como um talismã. Ela possui uma força espiritual que protege contra os desastres, e cada vez mais há relatos de pessoas que, por estarem portando esta foto junto ao corpo, foram protegidos contra desastres e infelicidades.

Nesta vida, há muitas coisas que não podem ser entendidas através dos cinco sentidos, é difícil viver apenas com o conhecimento do nosso cérebro. A porta do enigma místico, eu posso assegurar, se abrirá em primeiro lugar diante daqueles que acreditam plenamente em Deus e que agem no Amor.

O ser humano provêm de Deus, e todo o Universo foi criado por suas mãos. Se o ser humano almeja uma vida verdadeiramente feliz, em primeiro lugar, deve acreditar na existência de Deus, deve compreender que ele não é esta massa de pensamentos que forma o corpo carnal, mas, sim, uma entidade unificada ao Deus eterno e imortal.

Feliz será aquele que crer plenamente no Amor de Deus,

Feliz será aquele que viver e agir no Amor e na Verdade,

Feliz será aquele que acreditar que nas costas de todas as pessoas está presente um Espírito Divino do Bem e da Verdade, que as protege constantemente,

Feliz será aquele que conseguir agradecer constantemente à Divindade que o protege e ao Espírito Guardião:

O Paraíso será a sua morada.

NOTAS

1 Zazen - Meditação sentada.

2 Haiku - Verso composto de 17 sílabas muito apreciado no Japão.

3 Tanka - Composição poética tradicional japonesa de 31 sílabas.

4 Ieyasu Tokugawa (1542-1616) - O primeiro "shogun" (general) da Família Tokugawa, cuja habilidade política e militar tornou possível controlar o governo japonês (Bakufu) durante cerca de 300 anos, através dos vários regentes.

5 Judô - Uma das artes marciais do Japão.

6 Fuyô - Espécie de rosa malva, muito cultivada no Japão.

7 Musha Koji Saneatsu - Escritor nascido em Tóquio em 1855, que iniciou um movimento naturalista, criando inclusive uma aldeia utópica, na Província de Miyazaki, onde tentou colocar em prática suas idéias.

8 Shiatsu - Tratamento curativo através da pressão com os dedos nos pontos sensíveis do corpo humano estabelecidos pela Medicina Oriental.

9 Tengu - Figura da mitologia japonesa que tem um nariz longo característico.

10 Oniguiri - Bola feita de arroz: toma-se um punhado de arroz cozido e vai pressionando-o com ambas as mãos, até que se tem uma bola. Costuma-se servir em lanches rápidos ou em refeições ao ar livre.

11 Tenrikyo - Uma das 13 ramificações da religião xintoísta, fundada em 1838 pela senhora Miki Nakayama.

12 Kurozumikyo - Também uma das 13 ramificações do xintoísmo, fundada pelo estudioso da religião Munetada Kurozumi (1780 – 1850).

13 Shiba - Nome de uma área e também de um parque situado no Bairro de Minatoku, na zona central de Tóquio.

14 Tori - Nome que se dá às duas colunas laterais e uma transversal no alto, que se colocam na frente dos santuários xintoístas, indicando a entrada ao recinto sagrado.

15 Tokuda – Shiga – Itoi Yoshiro - Figuras proeminentes nos movimentos trabalhistas e nas reformas sociais do Japão do pós-guerra.

16 Icho - Conhecida também como ginkgo. É uma árvore originária da China. No Japão costuma-se plantá-la em templos e parques; no outono as folhas amarelecem e caem. Os frutos têm uma polpa com um cheiro característico, mas a semente, semelhante a uma castanha, é comestível.

17 Keito - Planta chamada no Brasil vulgarmente de Crista de Galo.

18 Ouso - Termo budista que significa "fase de ascensão" - estado no qual a pessoa tenta se tornar um com Deus. Há também o "genso", que significa "fase de descida,

retorno" - estado no qual a pessoa já se tornou um com Deus, e desce ou retorna ao plano terreno para elevar os outros.

19 Tatamis - É uma esteira feita com uma fibra natural chamada "igusa." Atualmente, o tatami mede cerca de 88 x 176 centímetros.

20 Pincel - Usado para caligrafia.

21 Namu Amida Butsu - Sutra Budista que canta: 'Salva-nos, O Buda Misericordioso'

22 Deusa do Amanhecer - Deusa Budista da Compaixão

23 Nyoihouju - Prova de se ter atingido liberdade espiritual perfeita ou emancipação dos "três mundos".

24 Yokukai - Se refere ao mundo da cobiça e à vários outros fortes desejos cármicos.

25 Shikikai - Se refere ao mundo dos fenômenos ou material.

26 Mushokukai - Se refere ao mundo etéreo no qual estão as regiões inferiores do mundo espiritual.

O SER HUMANO
E
O PROPÓSITO DA SUA VIDA

Os seres humanos, em sua essência, não são cármicos ou pecaminosos. São ramificações da Grande e Divina Vida conhecida como Deus. Cada ser humano está sob constante proteção de seus ancestrais, na forma de uma Divindade e de um Espírito Guardião.

Todo os sofrimentos deste mundo são frutos de pensamentos incorretos, concebidos desde nossas vidas passadas até o presente, que tomam forma neste mundo, no momento em que estão desaparecendo.

Qualquer aflição, quando aparece, é destinada a desaparecer neste vazio. Quando o sofrimento ocorre, é muito importante acreditar firmemente que esta manifestação é necessária para que ele seja eliminado e pensar que daqui para frente tudo melhorará. Não importa quão difícil sejam as circunstâncias, perdoe-se a si mesmo e aos outros, ame o próximo como a si mesmo. Se você viver assim, constantemente falando e agindo com amor, sinceridade e perdão, sempre agradecendo pela proteção de seu Espírito Guardião e de sua Divindade, e orando pela paz no mundo, você, como um indivíduo, e a humanidade, como um todo, serão capazes de alcançar a verdadeira liberdade espiritual.